Pandemie:
Richard Harteis

Translations and Art:
Tom Veys

Poets' Choice Publishing

Copyright © 2021 Poets' Choice Publishing
All rights reserved.

Graphic Design: Sanket Patel
Dawley paintings photos: Sue Parish
Additional Paintings: Tom Veys and Juner Patnode

Cover Painting, "VLAG 2" by Tom Veys

Printed in the United States of America
Library of Congress Cataloging-in-Publication Data Pending

ISBN # 978-1-7371653-09

POETS' CHOICE PUBLISHING
337 KITEMAUG ROAD
UNCASVILLE, CT 06382
POETS-CHOICE.COM
MARATHONFILM@GMAIL.COM

for Roger and Sara

Contents

Acknowledgments • vii
Prologue • viii
Days of Restriction • xv

PANDEMIC • 1
    Red Face • 3
    Camus Redux • 4
    Grandmother's Lament • 6
    Grace • 8
    Peony 1 • 13
    Encounter • 14
    Secrets Fathers Have
        Told Me • 16
    Laboratory • 18
    Peony 2 • 21
    Dream Journal • 22
    Visitation Four • 24
    VLAG1 • 29
    Transfiguration • 30
    Alphabet Soup • 32
    Orange Face • 35
    Herd Immunity • 36
    Crow • 38

PLAY • 40
    Work in Progress • 43
    VLAG 2 • 45
    The Nursery Wars • 46
    First Son • 48
    Birthday Boy • 50
    Pandemic Advice • 52
    Fractured Fairy Tales • 54

Inhoudsopgave

Erkenningen • vii
Proloog • ix
Dagen van beperking • xv

PANDEMIE • 1
    Rood gezicht • 3
    Camus Redux • 5
    Grootmoeders klaaglied • 7
    Genade • 9
    Pioenroos 1 • 13
    Ontmoeting • 15
    Geheimen die vaders me
        hebben verteld • 17
    Laboratorium • 19
    Pioenroos 2 • 21
    Droomdagboek • 23
    Vierde visitatie • 25
    VLAG 1 • 29
    Gedaanteverandering • 31
    Alfabetsoep • 33
    Oranje gezicht • 35
    Kudde-immuniteit • 37
    Kraai • 39

SPEL • 41
    Work in progress • 43
    VLAG 2 • 45
    De oorlog van de verpleegkundigen • 47
    Zoon van de president • 49
    Jarige • 51
    Pandemisch advies • 53
    Gebroken sprookjes • 55

Fish • 59	*Vis • 59*
Disaster on the Charles • 60	Ramp op de rivier Charles • 61
Birds in a Row • 63	*Vogels op een rij • 63*
Star Chamber • 64	Sterrenkamer • 65
Orpheus Explains Calais to Apollo • 66	Orpheus verklaart Calais aan Apollo • 67
Condomdrum • 68	Condomdrum • 69
Side by Side • 71	*Zij aan zij • 71*
For a Serbian Friend • 72	Voor een Servische vriend • 73
Summer • 74	Zomer • 75
Post Prandial Two • 78	Na de maaltijd twee • 79
Birthday Party: July 3, 2020 • 80	Verjaardagsfeest: 3 juli 2020 • 81
VLAG 3 • 83	*VLAG 3 • 83*
Treasure Hunting, He Thinks of Selling • 84	Schattenjagen: hij denkt aan verkopen • 85
Salvo • 86	Salvo • 87
Summer Lantern. • 88	Zomerlantaarn • 89

ROOM MATE • 96   HUISGENOOT • 97

Pepperoni • 98	Pepperoni • 99
VLAG 4 • 101	*VLAG 4 • 101*
Living with Stanley Kowalski • 102	Leven met Stanley Kowalski • 103
Lily Petals • 104	Bloembladen van een lelie • 105
Lost • 107	*Verloren • 107*
After Frost • 108	Na de vorst • 109
Peony 3 • 111	*Pioenroos 3 • 111*
Last Shift • 112	Laatste shift • 113
Covid Casualty • 114	Covidslachtoffer • 115

EASTER • 118   PASEN • 119

Stretching Out • 121	*Uitstrekken • 121*
Post Prandial • 122	Na de maaltijd • 123

v

Palm Sunday • 124
Peony 4 • 127
Easter: 4:00 AM • 128
The Good Old Days • 131
Saturday, Holy Week • 132

PPP • 137
    PPP • 138
    Born Again Email • 140
    Flog Lady • 142
    Home Alone • 144
    Honey • 146
    VLAG 5 • 149
    Manichaean • 150
    Oblivious • 152
    Snow Day • 154
    Walking • 156
    Death by Jelly Bean • 158
    Sharks • 160
    Sudden Spring • 162

EPILOGUE • 164
    Face • 167
    Camus' Stranger • 168

ABOUT THE ARTISTS • 173
    White Lotus • 177

Palmzondag • 125
Pioenroos 4 • 127
Pasen: vroege morgen • 129
De goede oude dagen • 131
Zaterdag, Goede Week • 133

PPP • 137
    PPP • 139
    E-mail van een herboren christen • 141
    Kikkerdame • 143
    Alleen thuis • 145
    Honey • 147
    VLAG 5 • 149
    Manicheïsme • 151
    Onbewust • 153
    Sneeuwdag • 155
    Ontwaken • 157
    Dood door snoepgoed • 159
    Haaien • 161
    Plotseling lente • 163

EPILOOG • 165
    Gezicht • 167
    De vreemdeling van Camus • 169

OVER DE KUNSTENAARS • 173
    Witte lotus • 177

All titles which are italicized are paintings by Rita Dawley
Peony Series and final image: Juner Patnode

ACKNOWLEGMENTS

Tom Veys

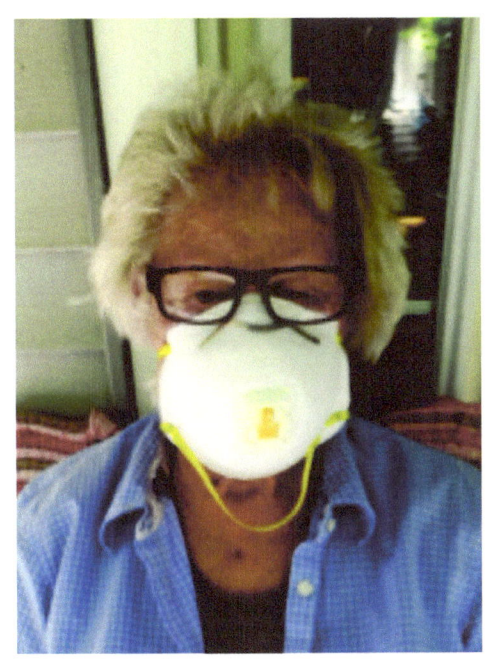

Rita Dawley

Yujuan Zhai-Juner Patnode
Photo credit: Vincent Scarano

Prologue

In a previous iteration of Plague Poems: 2020 vision, I attempted to give a clear-eyed vision of how the world looked this past year during the pandemic. Now that we seem to have turned the proverbial corner, I have added several new poems as a kind of post script to that book. The cover of the revised edition includes a wonderful linoleum-cut print by the translator. He has taken the American flag and fractured it into pieces of varying color, the way American society has been fractured in this past difficult year. The collection includes additional works by Tom Veys. He has also given us careful, beautiful translations of the poems, which are actually new poems themselves, (new and improved?) As William Meredith says in his poem titled, His Students, "….how much better it sounds when I read it!/ Perhaps it isn't really there on the page?/ merely a trick of reading, a gift for explanation?" And so it has been with this able translator, as I explained the poems in numerous zoom sessions to Belgium where he lives.

The new section of the book is titled PPP after the government program which has offered funding to keep the economic wheels turning. But the anagram could stand for post pandemic poems. By the time this book is finished, we may well be over this past terrible year, when so many loved ones have died. This book is dedicated to them who were good soldiers in the project of life. For better or worse, the poems document what we all went through, the living and dead. The last poem, "Suddenly Spring," may be premature. But it risks the assertion, that we are finally, thank God, "over it." That, at least, is my prayer and that of the entire world.

"It ain't over 'til it's over," I believe the great Yogi said. To which someone added, "yeah but when it's over, it's over." Well who knows what the future will bring? Que sera sera. We may be facing a very dark winter as in Game of Thrones, or we will see the death of this virus at the kind hands of nature who so

Proloog

In een vorige versie van ''Plague Poems: 2020 vision'' probeerde ik een glasheldere visie te geven van hoe de wereld eruit zag het afgelopen jaar tijdens de pandemie. Nu dat we de spreekwoordelijke goede kant lijken op te gaan, heb ik verschillende nieuwe gedichten toegevoegd als een soort van postscriptum bij het boek. De cover van de herziene editie bestaat uit een wondermooie linosnede van de vertaler. Hij heeft de Amerikaans vlag genomen en die in verschillende kleuren en delen uitgewerkt, zoals de manier waarop de Amerikaanse maatschappij verdeeld is tijdens het voorbije moeilijke jaar. De bundel bevat extra werken van Tom Veys. Hij heeft ons eveneens nauwkeurige, mooie vertalingen van de gedichten geschonken, die in feite op zichzelf nieuwe gedichten geworden zijn, (nieuw en verbeterd?) Zoals William Meredith in zijn gedicht ''Zijn Studenten'' zei: ''… hoe veel beter klinkt het wanneer ik het lees! / Misschien is het niet echt daar op het blad? / slechts een truc van het lezen, een geschenk voor uitleg?'' En zo is het gegaan met deze bekwame vertaler die in België woont, aan wie ik de gedichten verklaarde in talrijke zoomsessies.

Het nieuwe gedeelte in het boek is getiteld PPP naar het regeringsprogramma dat fondsen vrijmaakte om de economie draaiende te houden. Maar het anagram zou ook kunnen staan voor post pandemic poems. Tegen de tijd dat het boek beëindigd is, zullen we misschien voorbij het afgelopen afschuwelijke jaar zijn, waarin zo veel geliefden zijn gestorven. Dit boek is opgedragen aan hen die goede krijgers waren in het project van het leven. In goede en kwade dagen documenteren de gedichten waar we allemaal zijn doorgegaan, de levenden en de doden. Het laatste gedicht ''Plotseling lente'' kan misschien voortijdig zijn. Maar het riskeert de bewering, dat de pandemie uiteindelijk, goddank, achter ons ligt. Dat is tenminste mijn gebed en dat van de hele wereld.

''It ain't over 'til it's over.'' aldus de grote Yogi, vermoed ik. Waaraan iemand

unkindly delivered it to us in 2020.

Like other artists in this pandemic I have struggled to come to terms with all the new burdens it has brought us: masks, social distancing, shortages, less than truthful politicians and scientists, loneliness, fear, sexual frustration and the sad irony of putting all this in the context of a beautiful spring and creatures not knowing the world has changed. A woodpecker rat tat tapping on a tree in the forest for his breakfast, puffs of daisy seeds flowing on the breeze, the sun so warm, the grass so green and fresh. Robins, titmouse, and tiny hummingbirds miraculously making their way across the Gulf for a little bit of sugar water in burgeoning blossoms.

It is a world Camus first looked at in his book THE PLAGUE and another, THE STRANGER. His words become prologue and epilogue to my own observations, and in the middle of all of this so far, the season of Easter with its promise of resurrection and transformation. Love, amusement, hope and just training your mind to observe what the world has become and what it may yet be, the opportunities Camus first looked at in his plague and later, the stranger.

Today I'll meet Mark Patnode's new bride, Juner who has come from China and has painted beautiful images of flowers, a kind of new infection of beauty which will grace these poems. It's become a kind of trademark for Poets Choice to include the visual arts with the written, one art form enhancing the other, lending strength to the finished product. Ironic and lovely if this Chinese woman can bring some joy and beauty into our world. The soft, somewhat romantic images harmonize with the surrealistic paintings, sometimes humorous, sometimes severe, even disturbing which our local shaman, Rita Dawley has created as a response to the pandemic.

I divided the book into four parts, somewhat arbitrarily beginning with Pandemic; then Play including occasional observations and attempts at humor; then Roommate, since when you're living with someone you get to learn a lot about them; and then, Easter with prayers to help us see the light. "Covid Casualty" is a sad reflection on the aftermath of living in lockdown with someone you love, a drama which has played out

toevoegde: ''Yeah but when it's over, it's over.'' Wel, wie weet wat de toekomst zal brengen? Que sera, sera. We zullen misschien een heel duistere winter tegemoet gaan, zoals in Game of Thrones of we zullen de dood van dit virus ervaren uit de vriendelijke handen van de natuur die het ons zo onvriendelijk in 2020 leverde.

Zoals andere kunstenaars in deze pandemie heb ik geworsteld met alle nieuwe lasten die de pandemie ons bracht: mondkapjes, social distancing, tekorten, minder eerlijke politici en wetenschappers, eenzaamheid, angst, seksuele frustratie en de trieste ironie om dit alles in de context te plaatsen van een prachtige lente en van wezens die niet wisten dat de wereld veranderde. Ik merkte het ratata-spechtgehak op in een boom in het bos als zijn ontbijt, ik merkte wolkjes van madeliefjeszaad op, meegevoerd op de bries, de zon die warmte schenkt, het gras dat groen en fris is. Roodborstjes, kuifmeesjes en kleine kolibries die miraculeus over de Gulf vliegen voor een klein beetje suikerwater in bloeiende bloesems.

Het is een wereld die Camus voor het eerst beschreef in zijn boek ''De Pest'' en in een ander boek ''De Vreemdeling.'' Zijn woorden worden de proloog en de epiloog van mijn eigen observaties en te midden van dit alles is er het seizoen van Pasen met de belofte op verrijzenis en verandering. Er is liefde, plezier, hoop en alleen het oefenen van ons brein om te observeren wat er van de wereld geworden is en hoe die nu kan zijn, er zijn ook de kansen die Camus voor het eerst zag in zijn ''De Peste' en later in ''De Vreemdeling''.

Vandaag zal ik Juner, Mark Patnode's nieuwe bruid, ontmoeten, die uit China komt en de prachtige bloemenbeelden schilderde, een soort van nieuwe infectie van schoonheid die deze gedichten elegantie zal schenken. Het is een waarmerk voor Poets Choice geworden om beeldende kunsten te betrekken bij het geschrevene, één kunstvorm die de andere versterkt, wat kracht geeft aan het afgewerkt resultaat. Ironisch en lieflijk kan deze Chinese vrouw wat geluk en schoonheid brengen in onze wereld. De zachte, ietwat romantische beelden zijn harmonieus met de surrealistische schilderijen van onze lokale sjamaan Rita Dawley, die

in any number of households as the isolation and forced togetherness takes its toll. A sacrilege perhaps to compare the suffocation of a room mate who could not breathe to that of George Floyd dying at the hands of a cruel fellow human being, and the global uproar fueled by the frustrations of isolation. A single poem serves as an epilogue, since its rather bleak assessment does not really suit for the section titled "Easter."

Still, as an indictment indictment of capital punishment, it seems an appropriate vision of Camus' humanism, his compassion for the human predicament to end with. As da Vinci has said "it is an infinitely atrocious act to take away the life of a man." This is what the virus has done atrociously in thousands of cases now. These poems mean nothing if they forget those thousands who in desperation and courage have achieved their own death. This section ends with a final image of hope and resurrection, a last final word. Even when its roots are in the dirtiest waters, the lotus produces the most beautiful flower, an ancient symbol of rebirth, purity and self regeneration. It calls for spiritual enlightenment so direly needed in these troubling times when all life is threatened.

beelden gecreëerd heeft als een antwoord op de pandemie, de beelden zijn soms humoristisch, soms streng, zelfs verontrustend.

Ik heb het boek in vier delen onderverdeeld, een beetje arbitrair beginnend met ''Pandemie''; dan ''Spel'' dat toevallige observaties en humoristische pogingen bevat; dan ''Huisgenoot'', omdat je, wanneer je met iemand samenleeft, veel te weten komt over hem; en daarna is er ''Pasen'' met gebeden om ons het licht te helpen zien. ''Covidslachtoffer'' is een treurige reflectie over de nasleep van het leven met iemand waarvan je houdt tijdens de lockdown, een drama dat zich in elk gezin afspeelde aangezien de afzondering en het gedwongen samenzijn zijn tol opeiste. Het is wellicht heiligschennis om de verstikking van een huisgenoot die niet kon ademen te vergelijken met de situatie van George Floyd die stierf door de handen van een gruwelijk medemens en er was de oproer in de wereld die erop volgde, gevoed door de frustraties van isolement. Eén enkel gedicht dient als epiloog, omdat de eerder grauwe beoordeling in het gedicht niet past bij het gedeelte dat de titel ''Pasen'' draagt.

Toch, als een aanklacht tegen een heel grote bestraffing is er een passende visie van het humanisme van Albert Camus, meer bepaald zijn medelijden met de menselijke en de hachelijke toestand, deze visie dient als einde van dit deel. Zoals da Vinci heeft gezegd: ''Het is een oneindig afschuwelijke daad om het leven van een mens weg te nemen.'' Dit is wat het virus nu vreselijk heeft gedaan in duizenden gevallen. Deze gedichten betekenen niets als zij die duizenden gevallen vergeten die wanhopig en moedig de dood ingingen. Dit gedeelte eindigt met een laatste beeld van hoop en verrijzenis, een laatste eindwoord. Zelfs al bevinden de wortels van de lotus zich in het vuilste water, toch heeft ze de mooiste bloem, een oeroud symbool van wedergeboorte, puurheid en zelfherstel. Het roept op tot een spirituele verlichting die verschrikkelijk nodig is in deze verontrustende tijden waarin alle leven bedreigd is.

Dagen van beperking

Days of Restriction

PANDEMIE

Rood gezicht

Red Face

Camus Redux

"The plague bacillus never dies or vanishes entirely,…it can remain dormant for dozens of years in furniture or clothing,…it waits patiently in bedrooms, cellars, trunks, handkerchiefs and old papers, and…perhaps the day will come when for the instruction or misfortune of mankind, the plague will rouse its rats and send them to die in some well-contented city."

Albert Camus, The Plague

Like New York. Hitler dead, Mussolini gone,
Petain in the ash can of history.
But the rats are out again, nova virus,
Nova fascism. Can we muster
The compassion Camus felt in the middle of it
All, his sympathy for humanity, (at the risk of
Turning evil into a banality as Hannah Arendt
Would have it.) Disease, separation and exile
Come upon us unexpectedly, absurdly, and
The only way to fight the plague is with
Decency, Camus tells us. But how can we not
Blame our country now, left and right.
How can we find the will to resist
Compromise, to survive, to love?

Camus Redux

" ... le bacille de la peste ne meurt ni ne disparaît jamais, qu'il peut rester pendant des dizaines d'années endormi dans les meubles et le linge, qu'il attend patiemment dans les chambres, les caves, les malles, les mouchoirs et les paperasses, et que, peut-être, le jour viendrait où, pour le malheur et l'enseignement des hommes, la peste réveillerait ses rats et les enverrait mourir dans une cité heureuse."

"De pestbacil sterft of verdwijnt nooit definitief ... Hij kan tientallen jaren blijven sluimeren in meubels of in linnengoed ... Hij wacht geduldig in kamers, kelders, koffers, zakdoeken en in oude papieren ... En misschien komt er een dag, waarop tot schade en lering van de mensheid, de pest zijn ratten zal wekken om ze uit te sturen en ze te laten sterven in een gelukkige stad."

Albert Camus, De Pest

Zoals New York. Hitler dood, Mussolini verdwenen,
Pétain in de urn van de geschiedenis.
Maar de ratten duiken opnieuw op,
Nova virus, neo-fascisme.
Kunnen we het medelijden verzamelen
Dat Camus te midden van dit alles voelde,
Zijn sympathie voor de mensheid, (met het risico dat
Het kwaad in iets banaals verandert, zoals Hannah Arendt
Vaststelde. Ziekte, afzondering en verbanning
Overvallen ons onverwacht, op een absurde wijze, en
De enige manier om de pest te bestrijden is
Fatsoen tonen, Camus vertelt ons dit. Maar hoe kunnen we nu
Ons land niet beschuldigen, links en rechts.
Hoe kunnen we de wilskracht vinden om weerstand te bieden
Aan bijleggen, de wilskracht vinden om te overleven, om lief te hebben?

Grandmother's Lament

Everyone is in such a dither
Over this Povid 19 or whatever
They call it. Went to my favorite
Chinese take out this evening,
And everyone looked at me
Full of shame. Oh Lord, where
Will the fear go next?
It all comes to us
Regardless of race, creed or
Color as they say. We are all
Hanging out in the trees
With our babies clinging
To our breasts.

Grootmoeders klaaglied

Iedereen is zo van slag
Door dit POVID-19 of hoe
Ze het ook noemen. Ik ben vanavond
Naar mijn favoriete Chinees restaurant geweest.
En iedereen keek naar me
Vol schaamte. O God, waar
Zal de angst straks opduiken?
Het overvalt ons allemaal,
Los van ras, geloof of
Kleur zoals ze zeggen. Wij allemaal
Hangen in de bomen
Met onze baby's vastgeklampt
Aan onze borsten.

Grace

I

Katherine Hull was dancing with a Russian prince
And couldn't resist bragging a little about the lapis
Lazuli gracing her neck and bare shoulders.
Her hand floated like a dove above her chest.
"What do you think of my necklace" she asked him,
An admirer gave it to me some time ago…."

"It's lovely," he said, looking down finally,
"Mama had a staircase of it."

She smiled and simply kept on dancing
While every man in the room daydreamed
Of burying his face in those lovely breasts
Which rose and fell as he led her in the
Waltz under the brilliant stars of Capri.

She was young then, ripe. But
It was years before she could find it
Amusing enough to tell the story
Of the snarky prince at cocktails.

Cont.

Genade

I

Katherine Hull was met een Russische prins aan het dansen en
Kon er niet aan weerstaan om een beetje op te scheppen over de
Lapis lazuli die haar nek en naakte schouders tooide.
Haar hand zweefde zoals een duif boven haar borst.
"Wat vind je van mijn halsketting?" vroeg ze hem.
"Een bewonderaar schonk hem een tijdje geleden aan mij ..."

"Het is prachtig," zei hij, toen hij uiteindelijk het juweel opmerkte,
"Mama had een trap in lazuursteen."

Ze glimlachte en bleef simpelweg verder dansen
Terwijl elke man in de zaal dagdroomde
Over het neerleggen van zijn gezicht in die lieflijke boezem
Die op en neer ging terwijl hij haar leidde in de
Wals onder de schitterende sterren van Capri.

Zij was toen jong, rijp. Maar
Het kostte haar jaren vooraleer ze het
Grappig genoeg vond om het verhaal van de oneerbiedige prins
Te vertellen tijdens cocktails.

Cont.

II

Pierre Teilhard de Chardin
Was drafted in WWI and offered
A commission. He chose instead
To be a stretcher bearer and let
That grizly work plant the seed
Of his vision of the cosmos, how
God enters into the physical
World, Peking Man to the
Omega Point: "The world is
Round so that friendship may
Encircle it."

There's no accounting really
For this beautiful ingénue, or
A priest working in the mud
In the fields of France.

II

Pierre Teilhard de Chardin
Werd opgeroepen in WW1 en hij kreeg
Een militaire opdracht aangeboden. In de plaats daarvan koos hij
Om brancardier te zijn en hij liet
Het vreselijke werk het zaad planten
Van zijn visie op de kosmos, hoe
God in de natuurkundige
Wereld binnentrad, van Pekingmens tot het
Omegapunt: ''De wereld is
Rond zodat vriendschap die kan
Omringen.''

Dit prachtige genie of
De priester die in de modderige
Velden van Frankrijk werkte,
Hoeft echt geen rekenschap af te leggen.

Pioenroos 1

Peony 1

Encounter

We walked under the cherry and dogwood
Blossoms and came across a young father
Trying to coax his adorable two year old
Into a stroller. The baby screamed on and on,
A real melt down. "He's been like this all
Day," the dad explained, embarrassed,
Exasperated.

"What's up little dude," I asked the baby.
He looked at me with curiosity for a minute
Then kept on wailing.
Blond hair, blue eyes
Like his adorable papa.
But the child's face
Just turned red and redder with boredom.

"Why are you at home," I asked the man
Standing under his dogwood tree.

"We're closed, you know. Pandemic. But,
I got certified today! Home repair. I can
Put in a furnace, or fix your dishwasher."

"That's us, I told him. We always need help.
We're all in this together. Congratulations!"

His face broke into a smile bright as
The spring sun. "Thanks," he said. But,

The baby kept it up somehow. I guess
That's what two year olds are about, they
Can't imagine anything else but themselves yet,
Like the President, they would rather just cry.

Ontmoeting

We wandelden onder de kersen- en
Kornoeljebloesems en toen kwam een jonge vader voorbij,
Die probeerde zijn schattige tweejarige te overhalen
Om in de kinderwagen plaats te nemen. De baby bleef maar schreeuwen,
Een echte ramp. "Hij is al de hele dag zo."
Verklaarde de vader beschaamd,
Geërgerd.

"Hoe gaat het, kleine jongen?" vroeg ik aan de baby.
Hij keek me even nieuwsgierig aan,
Daarna ging hij verder met huilen.
Blond haar, blauwe ogen,
Zoals zijn prachtige papa.
Maar het gezicht van het kind
Werd enkel maar roder en roder van verveling.

"Waarom ben je thuis?" vroeg ik aan de man
Die onder de kornoelje stond.

"We zijn gesloten, weet je. Door de pandemie. Maar,
Ik kreeg een diploma vandaag! Om dingen in huizen te herstellen. Ik kan
Een fornuis plaatsen of een vaatwasmachine herstellen."

"Zo is het bij ons," vertelde ik hem, "we hebben altijd hulp nodig.
We zitten allemaal in hetzelfde schuitje. Proficiat!"

Op zijn gezicht verscheen een brede glimlach, helder als
De lentezon. "Dank je." zei hij. Maar,

De baby bleef enigszins volhouden. Ik vermoed
Dat tweejarigen zo zijn, ze
Kunnen nog niet iemand anders inbeelden dan henzelf,
Zoals de president wensen ze alleen maar te wenen.

Secrets Fathers Have Told Me

I gave up a great professional opportunity
So my son could continue to play football.

I got him that job at the university and
He has no idea I pulled the strings.

It is a little hard on us all, but we have
Kept the baby, despite her palsy, in our home.

You have always been in My embrace
And will be from here to eternity.

This love, must, per force, remain anonymous.

Geheimen die vaders me hebben verteld

Ik gaf een grote professionele kans op,
Zodat mijn zoon verder voetbal zou kunnen spelen.

Ik zorgde dat hij een job aan de universiteit had en
Hij heeft geen idee hoe ik aan de touwtjes trok.

Het is een beetje hard voor ons allemaal, maar we hebben
De baby thuisgehouden, ondanks haar verlamming.

Je bent altijd in Mijn omarming geweest
En dat zal zo voor eeuwig zijn.

Deze liefde, moet, noodgedwongen, anoniem blijven.

Laboratory

Hope and fear, fear and hope
This is the human genius:
The spirit can accommodate
Both simultaneously. And so,
We muddle on in our bipolar way,
Hoping for some sort of clarity,
Fearing there's none to be had,
Swinging from one pole to the other,
Content with the cliché, "it is what it is, we are
who we are." Fight or flight, Flight or
Fight. We chose instead to
Play dead and let our little heart beat
As silently as possible. We're all just
Mice, looking for a little food,
Looking for a way out, oblivious
Of our sweet eyes, our silky backs
Asking Him for a little compassion.

Laboratorium

Hoop en angst, angst en hoop,
Dit is het menselijk genie:
De geest kan beiden tegelijkertijd
Aanpassen. En zo
Modderen wij aan op onze bipolaire manier,
Hopend op een soort van klaarheid,
Met angst dat die er niet is,
Slingerend van één pool naar de andere,
Tevreden met het cliché: ''Het is wat het is, we zijn
Wie we zijn.'' Vechten of vluchten, vluchten of
Vechten. In plaats daarvan kozen we om
De dood te veinzen en ons hartje zo stil mogelijk
Te laten slaan. We zijn allemaal maar
Muizen, op zoek naar een beetje voedsel,
Op zoek naar een uitweg, vergeetachtig
Door onze lieve ogen, onze zijdezachte ruggen,
Hem vragend voor een beetje medeleven.

Pioenroos 2

Peony 2

Dream Journal

for Giulietta Masina

Last night I lived in La Strada.

It took some coaxing to keep six feet
Away from the master who bought me
From my mother. I only wanted love
Hanging there between the sky and earth,
Wide eyed, dreaming of the ocean.

But I had locked incisors with a black dog
Until I freed myself by biting off his nose. Still,
It didn't keep him from sniffing me out.
I could not break the chain from my breast
Like the brute for whom I played the trumpet.
I tossed and turned every time the dog came
In hot pursuit. There were no detours in
La Strada, no pope or priest to keep him
Off the trail until I woke to the world
And the smell of cappuccino and biscotti
To start yet another insomniac day.

Droomdagboek

voor Giulietta Masina

Vorige nacht leefde ik in La Strada.

Het kostte me wat gevlei om zes voet
Weg te blijven van de meester die me kocht
Van mijn moeder. Ik wilde enkel liefde,
Daar hangend tussen hemel en aarde,
Met grote ogen, dromend van de oceaan.

Maar ik had mijn snijtanden op slot met die van een zwarte hond
Tot ik mezelf bevrijdde door zijn neus af te bijten. Toch
Hield het hem niet tegen om me op te sporen.
Ik kon niet de ketting verbreken die aan mijn borst lag
Zoals de band met de bruut voor wie ik trompet speelde.
Ik woelde en draaide elke keer toen de hond
Me op de hielen zat. Er waren geen omwegen in
La Strada, geen paus of priester om hem van het pad
Af te houden, tot ik wakker werd in de echte wereld,
Tot ik cappuccino en biscotti rook,
Om toch maar een andere slapeloze dag te beginnen.

Visitation Four

Tonight it is dinner with Lyubomir.
We've looked everywhere in the
Crowded restaurant, a Peruvian
Trattoria packed with jolly brown
Patrons, laughing, smoking, all
Talking at once, so packed, the
Waiter can barely navigate.

Lyubo is nowhere to be seen.
We're late, fairly frantic to
Find him because though he
will not show it, he will be mad.

"Out on the terrace," the maître d
Explains, and sure enough
Luybomir sits at the sole table
Shaded under a large umbrella,
Five salads waiting expectantly.

He smiles and stands to greet us.
Now the rakia can begin.

"How are you doing Richie,
Any new poems Georgi?"

We grow warm with the sun
And brandy flowing through
Our veins. Everything will
Be friendly, all right.

Cont.

Vierde visitatie

Vanavond dineren we met Lyubomir.
We hebben overal rondgekeken in het
Drukke restaurant, een Peruviaanse
Trattoria vol met vrolijke donkergekleurde
Chefs, lachend, rokend, allemaal
Door elkaar pratend, zo druk dat de
Ober zich nauwelijks kan bewegen.

Lyubo is nergens te zien.
We zijn te laat, redelijk uitzinnig om
Hem te vinden omdat hij, ondanks dat hij het niet
Zal tonen, woedend zal zijn.

''Op het terras," verduidelijkt
De maître en beslist
Zit Luybomir aan de single tafel
Onder de schaduw van een grote parasol,
Terwijl hij hoopvol op vijf salades wacht.

Hij glimlacht en staat op om ons te begroeten.
Nu kunnen we aan de rakia beginnen.

"Hoe gaat het, Richie,
Nieuwe gedichten in de maak, Georgi?"

We krijgen het warm door de zon
En door de brandy die door
Onze bloedvaten stroomt. Alles zal
Leuk en in orde zijn.

Cont.

A yellow bird drops on the table,
Flown all the way from Africa
Looking for a piece of bread.
He holds Lyubomir's finger

With his tiny pink claws
Like a baby holding on for
Dear life. We all sit silent
Taken by his dear black eyes
And let the omen speak.

Een gele vogel landt plots op de tafel,
Helemaal uit Afrika overgevlogen
Op zoek naar een broodkruimel.
Hij klampt zich aan Lyubomirs vinger vast

Met zijn kleine roze klauwen
Zoals een baby die zich vastklampt aan
Het kostbare leven. We zitten allemaal stil
Verbijsterd door zijn lieve zwarte ogen
En we laten het voorteken spreken.

VLAG 1

Transfiguration

It's said they linger with us
Forty days after their passing.
They dawdle among us, looking
In, in our time of need, reluctant
To leave the sweet earth,
Dragging their feet.

And so the dear ghost
Is with us still. Cannot, yet,
For the love of us, illuminate
Into His divinity on Tabor
Mountain and leave us
Looking heavenward
For afterward.

Gedaanteverandering

Er wordt gezegd dat zij veertig dagen
Na hun overlijden bij ons blijven hangen.
Ze treuzelen onder ons, kijken toe,
In onze tijd van nood, weigerachtig
Om de lieve aarde te verlaten,
Hun voeten slepend.

En zo is de dierbare Geest
Nog steeds onder ons. Hij kan nog niet,
Voor de liefde van ons, veranderen
In het licht van Zijn Heiligheid op de berg Tabor
En ons verlaten
Hemelwaarts kijkend
Naar het hiernamaals.

Alphabet Soup

She's added a new anagram
To her living will. DNR, for sure.
She doesn't want some eager young
EMT breaking all her ribs trying
To resuscitate her doing CPR.

But these days, she's not even
Comfortable with CPAP. So, DNV
Has been added in the middle of
The COVID-19 pandemic - Not
To be confused with the DMV.
Travel restrictions are already in
Place. She rarely goes out and has
No need of her HC license plate.

She's tested negative, this is
Only a pre-emptive decision.
But the old Gray Jacobik,
She 'ain't what she used to be.
So DNV, do not ventilate
Please, if the situation arises.
When her number's up,
All she wants is RIP. Resigned,
These days, instead of "Love,"
She signs her e-mails with "Alas."

Alfabetsoep

Ze heeft een nieuw anagram toegevoegd
Aan haar levende testament. DNR*, beslist.
Ze wil geen gretige, jonge
EMT* die al haar ribben breekt, die haar
Probeert reanimeren met een CPR*.

Maar tegenwoordig voelt zij zich niet eens
Comfortabel met CPAP*. Dus, DNV*
Is toegevoegd in het midden van
De COVID-19-pandemie – niet
Te verwarren met DMV*.
Reisbeperkingen zijn al van
Kracht. Ze gaat nauwelijks nog naar buiten en heeft
Geen nood aan haar HC license plate*.

Ze heeft negatief getest, dit is
Enkel een preventieve beslissing.
Maar de oude Gray Jacobik*
She 'ain't what she used to be.
Dus DNV, ventileer niet alsjeblief,
Wanneer haar tijd gekomen is.
Alles wat ze wil, is RIP*. Tegenwoordig,
Op rust, sluit ze haar e-mails af
Met ''Helaas'' in plaats van ''Liefs''.

*DNR: Do Not Resuscitate
*EMT: Emergency Medical Technician
*CPR: Cardiopulmonary Resuscitation
*CPAP: Continuous Positive Airway Pressure therapy
*DNV: Do Not Ventilate
*DMV: Department of Motor Vehicles
*Handicap license plate
*Amerikaans dichter en schilder uit Connecticut
*RIP: Rest in Peace

Oranje Gezicht

Orange Face

Herd Immunity

For Karena

He: "Do you mind wearing a mask?"

She: "I don't need no motherfucking
Mask, motherfucker. I don't need
Some old bastard telling me
What to do. Fuck you."

Once infected, antibodies are
Supposed to kick in. But
The immunity
Is only temporary,
And the whole social house
Of cards begins to collapse.

The second wave
Is on its way.
Let the bitch have her fucking say.

Kudde-immuniteit

Voor Karena

Hij: ''Vind je het erg om een mondkapje te dragen?''

Zij: ''Ik heb geen dom
Mondkapje nodig, stomme smeerlap. Ik wil geen
Oude rotzak die me zegt
Wat te doen. Rot op.''

Eenmaal besmet, worden antilichamen
Verondersteld om aan te vallen, maar
De immuniteit
Is enkel tijdelijk,
En het hele sociale kaartenhuisje
Begint ineen te storten.

De tweede golf
Komt eraan.
Laat de feeks haar domme zegje doen.

Crow

There is a crow complaining in the yard,
Black thoughts in the green grass.
He makes his imitation duck noises
Like calling the hunters hiding in the blind.

Is he looking for a little aged road kill,
Or just hopping around letting the earthworms
Know an earthquake is about to occur.
Mostly, he just seems bored, normal crow attitude.

He'd like to know what we're thinking
Folded in each others arms when the sun
Has almost peaked overhead. He's not sure
He likes this leisure, the state of the world
As the globe slows it's spinning.

"Caw, caw." Time to rise and shine.

Kraai

Er is een kraai aan het sakkeren in de tuin,
Zwarte gedachten in het groene gras.
Hij imiteert eendengeluiden
Zoals het roepen van de jagers die zich volledig verstoppen.

Is hij op zoek naar wat klein oud aangereden wild
Of huppelt hij enkel rond met de boodschap
Aan de aardwormen dat er een aardbeving zal plaatsvinden.
Meestal lijkt hij alleen verveeld, wat normaal voor een kraai is.

Hij zou graag weten wat we denken,
Gehuld in elkaars armen wanneer de zon
Boven ons bijna het hoogste punt heeft bereikt. Hij is niet zeker
Of hij van dit plezier houdt of van de toestand van de wereld
Zoals de aardbol zijn draaien vertraagt.

"Kaw, kaw." Tijd om op te staan en te schitteren.

PLAY

SPEL

Work in Progress

VLAG 2

The Nursery Wars

> "They sacrifice every day
> for their children's furniture"
> —Donald Trump on Military Heroes.

Bam! Get that terrorist
Tracking his trundle bed.

Blow up the bitch
Busting his bassinet.

Move the tricycle
Into a safe house.

Camouflage the mobile
Daffy, Bugs and Daisy
All gone incognito.

Turn out the night light,
Strap on your night vision.

Semper Fidelis.
Over there, over there.

Colonel Bonespur
Wants a few good men.

De oorlogen van de verpleegkundigen

''Zij offeren elke dag zichzelf op
voor het meubilair van hun kinderen''
                -Donald Trump over militaire helden

Bam! Pak die terrorist
Door zijn kinderbed op te sporen.

Blaas de teef op
Die zijn wieg kapot maakt

Verplaats de driewieler
Naar een veilig huis.

Camoufleer de mobiele
Daffy, Bugs en Daisy,
Allemaal zijn ze incognito geworden.

Schakel het nachtlicht uit,
Zet je nachtkijker op.

Semper Fidelis.*
''Over there, over there.''*

Colonel Bonespur*
''Wants a few good men.''*

*Het motto van de US Marines
*Eerste Wereldoorloglied over de Amerikaanse troepen die naar Europa trokken
*Donald Trump oefende de militaire dienst niet uit door hielspoor te claimen
*Referentie aan de posters van ''Uncle Sam'' die soldaten wilde aanwerven

First Son: Commiserating with the Baron

"God's eye and a mother's love
are all we're sure of in life."
—Andrew Cuomo

Every teenager thinks their
parents are creepy or
embarrassing at some point.

But this poor kid is living with
POTUS and FLOTUS. Imagine his
Bad luck, and give him a little slack.

Zoon van de president: empathisch met de Baron

''Gods oog en de liefde van een moeder
zijn de enige zaken waarvan we zeker zijn in het leven.''
-Andrew Cuomo

Alle tieners denken dat hun
Ouders enigszins eng of
Gênant zijn.

Maar deze ellendige jongen leeft met
POTUS* en FLOTUS*. Stel je
Zijn ongeluk voor en geef hem een beetje speling.

*POTUS: de president van de Verenigde Staten van Amerika
*FLOTUS: de first lady van de Verenigde Staten van Amerika

Birthday Boy, June 14

Not to be outdone, if he could raise her
from the dead, Marilyn would come
singing Happy Birthday to him. But
There are some things even he can't
Control yet, though he's working on it.

He'll just have to do with a hologram
Unless he dresses up Melania or one
Of his other women in sequins and have
A big party on Fox. Michelle Obama
Has another commitment, unfortunately.

Jarige, 14 juni

Om niet overtroffen te worden en als hij haar uit de dood
Zou kunnen opwekken, zou hij Marilyn
Happy Birthday komen laten zingen. Maar
Er zijn bepaalde zaken waarover zelfs hij
Nog geen controle kan hebben, hoewel hij eraan werkt.

Hij zal het moeten doen met een hologram
Tenzij hij Melania of een van zijn andere vrouwen
Met glitters tooit voor een groot feest op Fox. Michelle Obama
Heeft een andere verplichting, jammer genoeg.

Pandemic Advice from a Senile Friend

She's got the American
Version of "bats in the belfry":
Raccoons in the attic.
Medicare will pay for
A good neurologist,
(What pill can Melania give
her hubby for heart worm?)

But the exterminator comes
Out of pocket. Let him put
On a mask and gloves and
Trap them with peanut butter
Or whatever raccoons like
And put them out to pasture
In some other neighborhood.

Just don't let one of the rabid
Little bastard bandits bite you.
You don't want things to get
Any more complicated
Than they already are.

Pandemisch advies van een seniele vriend

Zij heeft de Amerikaanse
Versie van ''bats in the belfry''*:
Wasberen op de zolder.
Het ziekenfonds zal wel betalen voor
Een goede neuroloog,
(Welke pil kan Melania aan manlief
Geven voor hartworm?)

Maar de verdelger zal ze
Zelf moeten betalen. Laat hem een masker opzetten
En handschoenen aantrekken en laat hem
De wasberen vangen met pindakaas
Of met om iets dat wasberen lusten
En zet hen uit om te grazen
In een andere buurt.

Laat alleen geen van de hondsdolle
Kleine schurken jou bijten.
Je wil zaken
Niet moeilijker maken
Dan ze al zijn.

*Een uitdrukking voor ''een klein beetje gek zijn''

Fractured Fairy Tales

I

    Bo Peep Insouciant

I don't know where he went.
Probably out grazing, looking
For an unsuspecting ewe,
Some Yoe he could do the
Nasty with. Bam bam.
Baby ram lambs are like that.
What can you say, Bo Peep,
And Bo Play, too. Goes with
Herding. Boys aren't the only
Ones who can have fun
With sheep.

Cont.

Gebroken sprookjes

I

    Bo Peep onbekommerd

Ik weet niet waar hij ging.
Waarschijnlijk gaan grazen, op zoek naar
Naar een nietsvermoedende ooi,
Een of ander vrouwelijk schaap waarmee hij kan
Flikflooien. Bam bam.
Babyramlammeren zijn zo.
Wat kan je zeggen, Bo gluur,
En Bo speel, ook. Het gaat samen met
Hoeden. Jongens zijn niet de enigen
Die plezier kunnen hebben
Met schapen.

Cont.

II

The Spider Speaks Out

That Muffet chick is a weird bird.
All I did was sashay up to that pile
Of grass she was sitting on,
Friendly like, just to see
What she was eating.

Then boom, she was
Off social distancing big time
Like I was Godzilla or
Something. Could have knocked me
Over with a Feather.
Next time will be different.
I shoulda just bit the bitch.

II

   De spin spreekt er zich over uit

Dat Muffetmeisje is een rare vogel.
Alles wat ik deed, was naar die grasstapel
Paraderen waarop zij zat,
Vriendelijk, gewoon om te zien
Wat ze aan het eten was.

Dan boem, was ze weg,
Social distancing voor een lange tijd
Alsof ik Godzilla was of
Zoiets. Ze kon mij wegslaan
Met een veer.
De volgende keer zal het anders zijn.
Ik had de bitch enkel moeten bijten.

Vis

Fish

Disaster on the Charles - 2009

"Aren't you afraid of the
Kepone in the river
Poisoning the fish,"
I asked the good old boy
Barbecuing the herring
During their spring run.

"All I gotta say," he says, is
"Keep on eaten' 'em."

Ramp op de rivier Charles - 2009

''Heb je geen schrik voor de
Kepone* in de rivier
Die de vissen vergiftigt?''
Vraag ik aan de goede oude kerel
Die de haring grilt op de barbecue
Tijdens hun lentetrek.

''All I gotta say,'' zegt hij, is,
''Keep on eaten 'em.''

*Chloordecon of giftige stof

Vogels op een rij

Birds in a row

Star Chamber on the First Floor of the Senior Housing Complex

Five or six old ladies sit like archbishops
Determining the fate of the building or
The culture or their blood pressure.
They aren't dressed in red,
But their authority is undeniable.

I avoid them when I can.

Sterrenkamer op de eerste verdieping van het woonzorgcentrum

Vijf of zes oude dames zitten zoals aartsbisschoppen
Terwijl ze het lot van het gebouw bepalen of
De hoogte van hun bloeddruk.
Ze zijn niet in het rood gekleed,
Maar hun autoriteit is onbetwistbaar.

Ik vermijd hen wanneer ik kan.

Orpheus Explains Calais to Apollo

"Orpheus had abstained from the love of women, either because things ended badly for him, or because he had sworn to do so. Yet, many felt a desire to be joined with the poet, and many grieved at rejection. Indeed, he was the first of the Thracian people to transfer his affection to young boys and enjoy their brief springtime, and early flowering this side of manhood."
–Ovid, The Metamorphoses, Book X

"And Orpheus, the son of Thracian Oeagrus, loved Calais, the son of Boreas, with all his heart, and went often in shaded groves still singing of his desire, nor was his heart at rest. But always sleepless cares wasted his spirits as he looked at fresh Calais. The Bistonides, sharpening their long swords, ringed and killed him because he was the first in Thrace to desire men and disapprove the love of women."
–Phanocles (c 225 B.C.)

I've had it with that Eurydice business, anyhow.

It was a terror for us both as we made our way
Through the darkness. She cried out, and I thought
She had stumbled or had turned an ankle.
I looked back, admittedly. Who knows what women
Really want? We are trained to love and
Protect them. An enigma. But she vanished
Like the ghost of love.

Now. I wander through the sacred grove
Like Narcissus mesmerized by his own image and find
Calais sleeping underneath the oleander.
A perfect kouros, yes.* But
Look how long his eyelashes are, father,
his sleeping mouth fallen open, ripe,
as he lies lost in dream.

*A Kouros is the modern term given to free-standing ancient Greek sculptures representing nude male youths. In ancient Greek, Kouros means "youth, boy, especially of noble rank."

Orpheus verklaart Calais aan Apollo

"Orpheus had afstand genomen van de liefde voor vrouwen, enerzijds omdat dingen slecht voor hem eindigden, anderzijds omdat hij dat gezworen had. Toch voelden velen een verlangen om samen met de dichter te zijn en velen rouwden bij een afwijzing. Inderdaad, hij was de eerste van de Thraciërs die zijn liefdesvoorkeur veranderde naar jongens en hij genoot van hun korte lentetijd en van het vroege bloeien van de jongensjaren."
-Ovidius, Metamorfosen, Boek 10

"En Orpheus, de zoon van de Thraciër Oeagrus, hield van Calais, de zoon van Boreas, met heel zijn hart, en hij ging vaak in schaduwrijke bossen, waarbij hij toch zijn verlangen uitzong, ook zijn hart was niet rustig. Altijd slapeloze zorgen verspilden zijn energie wanneer hij naar de frisse Calais keek. De Bistoniërs, die hun lange zwaarden slepen, omsingelden en doodden hem omdat hij de eerste in Thracië was die van mannen hield en de liefde voor vrouwen afkeurde."
-Phanocles (circa 225 voor Christus)

Ik heb het gehad met dat Eurydicegedoe, hoe dan ook.

Het was voor ons beiden verschrikkelijk toen we onze weg gingen
Door het donker. Zij schreeuwde het uit en ik dacht
Dat zij gestruikeld was en haar enkel verstuikt had.
Ik keek achterom, toegegeven. Wie weet wat vrouwen
Echt willen? We zijn getraind om lief te hebben en
Om hen te beschermen. Een groot raadsel. Maar ze verdween
Zoals het spook van de liefde.

Nu wandel ik door het heilige bos
Zoals Narcissus betoverd door zijn eigen spiegelbeeld en ik vind
Calais slapend onder de oleander.
Een perfecte kouros*, ja. Maar
Kijk hoe lang zijn wimpers zijn, vader,
Hoe zijn slapende mond openvalt, rijp,
Terwijl hij verloren ligt in een droom.

*Een kouros is de moderne term voor vrijstaande Oud-Griekse beelden die jonge mannelijke naakten voorstellen. In het Oud-Grieks betekent 'Kouros' "jongen, jongeman, specifiek van nobele afkomst."

Condomdrum

If the invisible man raped her
Wouldn't his jizz be invisible too?
How can you crack an egg
With invisible jizz? Maybe she
Should put down her butcher
Knife and go along for the ride.

"You realize young lady, that
Rape means forced
Penetration," the judge
Remonstrated her
In the witness box.

"Yep, that's how it was,
Your honor. It was just rape
Rape rape, all night long."

Condomdrum*

Als de onzichtbare man haar verkrachtte,
Zou zijn sperma ook onzichtbaar zijn?
Hoe kan je een ei breken
Met onzichtbaar zaad? Misschien zou ze
Beter haar slagersmes neerleggen en
Toestemmen voor het plezier?

''Je realiseert je, jonge dame, dat
Verkrachting gedwongen
Penetratie betekent.'' wierp
De rechter op terwijl ze
In de getuigenbank zat.

''Yep, dit is zoals het was,
Edelachtbare. Het was gewoon verkrachting,
Verkrachting, verkrachting, de hele nacht lang.''

*Een neologisme, samenstelling van ''conundrum'' en ''condom''

Zij aan zij

Side by Side

For a Serbian Friend

Each of us
Carries a target
On our back.

When they hit you,
Miloševic; me, Clinton.

How sweet it would be
To throw our jackets
Into the fire, and run
Like naked Children
On a green field,
In spring, hand in hand.

Voor een Servische vriend

Ieder van ons
Draagt een doelwit
Op onze rug.

Wanneer ze jou raken,
Miloševic; mij, Clinton.

Hoe lief zou het zijn
Om onze jassen in het vuur
Te gooien en te rennen
Zoals naakte kinderen
In een groen veld
Tijdens de lente, hand in hand.

Summer

Daddy had an orange run about
With white leather seats and
Twin Mercury engines, a poor
Man's Ferrari, skimming along
The Susquehanna or putting in
On the bay to go crabbing or fishing
For electric ells among the grasses.
The crab's blue pincers
Held tighter to the chicken necks
Than the clenched teeth of a pit bull .

We'd pull them up gingerly and
Drop them into a bucket for
Steaming and wooden mallets
Later at the end of the day
When we returned, sunburned,
Thirsty for a cold Yuengling and
After, maybe, some Monopoly. Once,
Someone spilled the bucket and
We all went screaming with joy
Trying to get the blue monsters
Out from under the couch.
Even the dog got into the picture.

Sometimes my teenage boyfriend
Would join us. "How you liking it
So far," my dad would call from the
Front of the boat. We'd never had
The time for training, didn't know
The difference between fore and aft.

Cont.

Zomer

Papa had een oranje runabout*
Met witte lederen zetels en
Dubbele kwikmotoren, een armemans-
Ferrari, waarmee we langs
De Susquehannarivier voeren of bleven stilstaan
Aan de baai om krabben te vangen of om te vissen
Op sidderaal tussen de grassen.
De blauwe scharen van de krabben
Hielden de nekken van de kippen steviger vast
Dan de op elkaar geklemde tanden van een pitbull.

We zouden de krabben voorzichtig optillen en
Hen in een emmer laten vallen om ze te
Stomen en te breken met houten hamers
Later op het einde van de dag
Wanneer we zouden terugkomen, verbrand door de zon,
Snakkend naar een koud Yuenglingbiertje en
Na het spelen van monopoly misschien. Op een keer
Stootte iemand de emmer om en
Wij allemaal begonnen te gillen van vreugde,
We probeerden om de blauwe monsters
Van onder de sofa te halen.
Zelfs de hond nam deel.

Soms wilde mijn tienervriend eraan
Deelnemen. ''Hoe vind je het
Tot nu toe'', riep mijn vader vanop
De voorkant van de boot. We hadden nooit
De tijd om te oefenen, we kenden
Het verschil niet tussen boeg en spiegel.

*Kleine motorboot

Cont.

Only years later, when I finally had
The courage to kiss him, did Peggy Lee's
Immortal words come back to me:
Chicks were meant to give you beaver.
Guys were meant to get you laid.
But then it was summer, all was
Only potential, and hunger pulled us
Gently from the murky bottom
Of life to love's bright future.

Alleen jaren later, wanneer ik uiteindelijk de moed had
Om hem te kussen, herinnerde ik me Peggy Lee's
Onsterfelijke woorden:
''Chicks were meant to give you beaver.
Guys were meant to get you laid.''*

Maar dan was het zomer, alles was
Enkel een kans en honger trok ons
Voorzichtig van de duistere bodem
Van het leven naar de heldere toekomst van de liefde.

*Woordspel met de liedtekst van ''Fever''

Post Prandial Two

Earlier in the late spring
The white arms reaching
For the sky seemed like old men.

This evening, mid May, they are
A group of Sylphs whose slender
Fingers reach for the sky but at their
Tips are painted brilliantly red.

Na de maaltijd twee

Eerder in de late lente leken
De witte armen die naar de lucht
Reikten op die van oude mannen.

Vanavond, in het midden van mei, zijn zij
Een groep van Sylfen* die met hun slanke
Vingers naar de lucht reiken, hun
Nagels zijn schitterend roodgelakt.

*Jonge, slanke, elegante vrouwen of meisjes (mythologische figuren)

Birthday Party: July 3, 2020

Colonel Bonespur glides in Over Mount Rushmore
Like a Klingon General Flexing his wings.
The MAGA Pterodactyl, Red white and blue,
Blocks ou the sun while the adoring masses lift
Their eyes and salute him. They've come goose stepping
Across America to greet Commander Death, his words
Falling like black rain from heaven to drown out any dissent
From the zombie herd staggering toward November.

Verjaardagsfeest: 3 juli 2020

*''Colonel Bonespur'' zweeft
Over Mount Rushmore
Zoals een generaal van de Klingons
Die de vleugels van zijn vloot buigt.
De *MAGA-pterodactylus
In rood, wit en blauw,
Schermt de zon af terwijl
De aanbiddende massa
De blik opricht en hem een saluut brengt.
Ze zijn met ganzenpas
Door Amerika gemarcheerd
Om Commandant de Dood te begroeten, zijn woorden
Die als zwarte regen uit de hemel vallen,
Overstemmen elke afwijkende mening
Van de kudde zombies
Die richting november toewankelen.

*Een andere naam voor Donald Trump.
*MAGA = Make America Great Again.

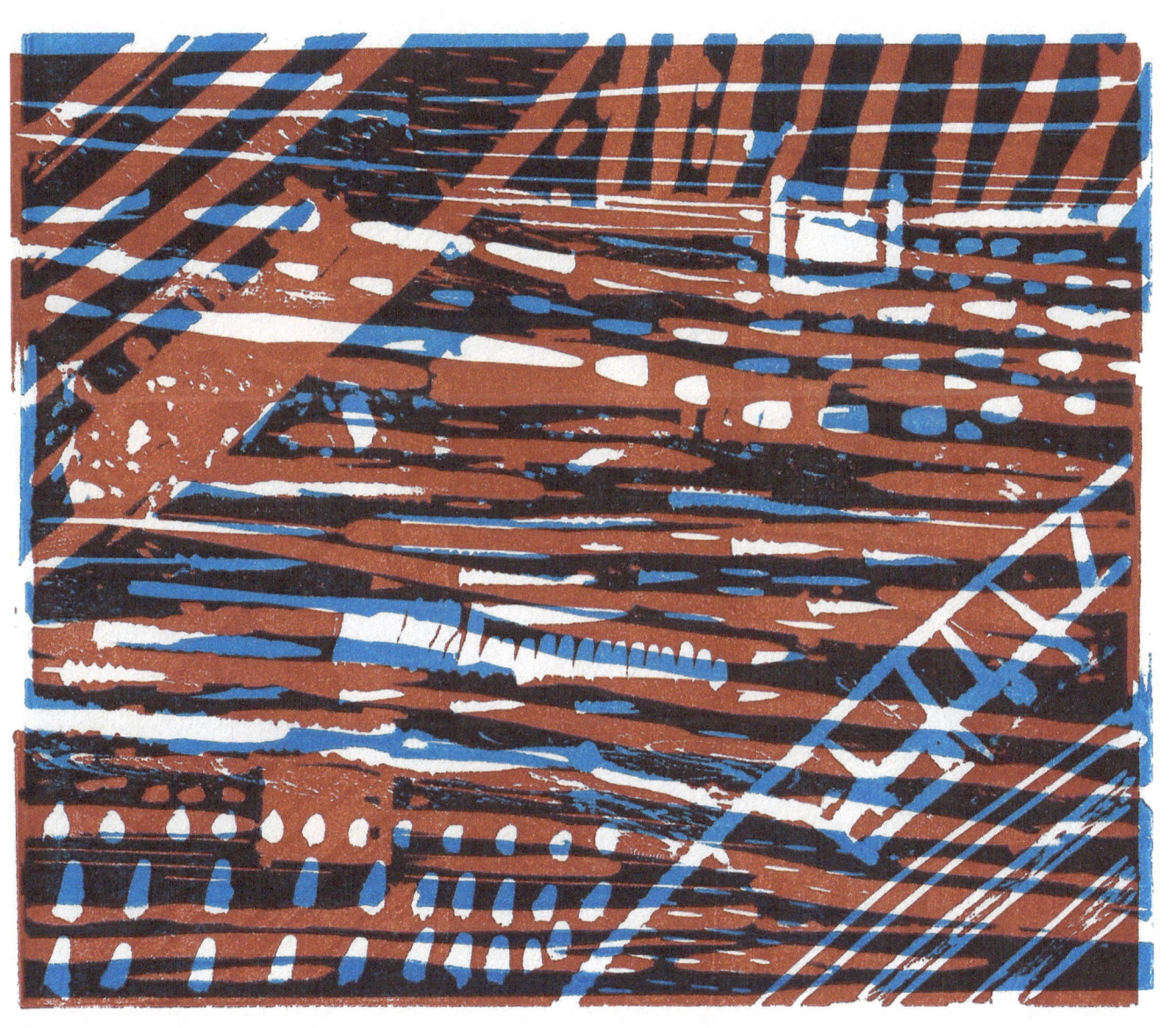

VLAG 3

Treasure Hunting, He Thinks of Selling

Back again. A great tree has fallen
In the Southern corner where
William's ashes are buried.

I find the small toy my father gave me:
A stuffed tiger with green glass eyes,
The tail stitched between his legs,
The way a father might explain anatomy
To a baby. "Yes that is part of you, son!"

Some strange ghost-like creatures
Strutting across a Haitian field
Like chickens in a painting I brought
Home one year—walking on the wall.

And my sweet dog, scratching herself
Because the spring grasses have let
The fleas jump up on her as she ran
Like the proverbial wind through the fields.

Then comes a moment when the sky
And river are equally lavender
Against the primavera April fields.

Too many things to mention,
I will simply have to
Bury my heart here.

Schattenjagen, hij denkt aan verkopen

Opnieuw daar is er een grote boom gevallen
In de zuidelijke hoek waar
De as van William uitgestrooid is.

Ik vind het kleine speelgoed terug dat mijn vader aan mij gaf:
Een pluchen tijger met groene, glazen ogen,
Met de staart tussen zijn benen genaaid,
Op de manier waarop een vader anatomie zou kunnen uitleggen
Aan een baby. "Ja, dat is een deel van jou, zoon!"

Enkele bizarre fantoomachtige schepselen
Stappen trots over een Haïtiaans veld
Zoals kippen op een schilderij dat ik een jaar geleden
In huis bracht - wandelend op de muur.

En er is mijn lieve hond die zichzelf krabt
Omdat de lentegrassen de vlooien
Op haar lieten springen terwijl ze rende
Zoals de spreekwoordelijke wind door de velden.

Dan komt er een moment wanneer de lucht
En de rivier tegelijk lavendel kleuren
Tegen de aprilse lentevelden.

Er zijn te veel dingen om te vermelden,
Ik zal simpelweg
Mijn hart hier moeten begraven.

Salvo

There's a turkey, a big boy,
Though he hasn't fanned himself
Out yet, who runs back and forth
Back and forth along the fence

Looking for a mate, just
Pissed that he can't get to
The other side? He is me,
Of course, in this age of
Social distancing. Us all.

Sweet master turkey,
Deal with it. Keep running,
Even against a fence.
We all have to face
Something. Hang in
There brother turkey.

Salvo

Er is een wilde kalkoen, een grote kerel,
Die, hoewel hij zijn veren nog niet in een waaier
Heeft getoond, heen en weer rent,
Heen en weer langs de omheining,

Hij is op zoek naar een hen, alleen
Spinnijdig dat hij niet naar
De andere kant kan? Hij is zoals ik,
Natuurlijk in dit tijdperk van
Social distancing. Zoals wij allen.

Lieve meester kalkoen,
Leer ermee leven. Blijf rennen,
Zelfs tegen een hek.
Wij moeten allemaal iets
Onder ogen zien. Hou daar vol,
Kameraad kalkoen.

Summer Lantern

for Andrew

I

Here at Senior Housing,
The first firefly of summer
Sets off his torch over the field.
Love love love, electric on the
Night, and at the edge of the field,
A little Bambi with white spots,
About the tiniest deer ever,
Hanging out with her mother
Until she sees me and high tails it,
Not fully white yet, into the forest.

When we were children, grown Bambi's,
We would crouch underneath the fireflies
To see them against the evening sky and
Flapped them down, blinking there
In the grass to put into a bottle with
Holes at the top and a little grass
to make a summer lantern.

Cont.

Zomerlantaarn

voor Andrew

I

Hier in de buurt van de woningen voor ouderen
Steekt het eerste vuurvliegje van de zomer
Zijn toorts aan boven het veld.
Liefde, liefde, liefde, blinkend in de
Nacht en aan de rand van het veld
Is er een kleine Bambi met witte vlekken,
Zowat het kleinste hert ooit,
Daar staat het met haar moeder
Tot ze me ziet en snel wegrent in het bos
Terwijl de staart nog niet volledig wit is.

Wanneer we kinderen waren, volgroeide Bambi's,
Hurkten we onder de vuurvliegjes
Om hen te bekijken tegen de avondlucht en
We flapten hen naar beneden, terwijl ze daar
In het gras blonken om hen in een fles te stoppen met
Gaten in de top en een beetje gras
Om een zomerlantaarn te maken.

Cont.

II

This virus has slapped me down.
I'm in a jar blinking with all the other
Old people, remembering summer,
What it has been and what may yet be
With the first firefly of summer.

Cont.

II

Dit virus heeft me neergeslagen.
Ik ben in een kruik aan het blinken met al de andere
Ouderen, de zomer herinnerend,
Hoe die was en wat er nu zou kunnen zijn
Met de eerste vuurvlieg van de zomer.

Cont.

III

Earlier in the day I worked with a
Young man who was very strong, and
Self-assured to organize my library.
I watched the sinews in his legs and
Perfect peapod buttox as he bent to
Shift his weight into a bookcase and
Make it fit, by God, into the empty space.

Cont.

III

Eerder die dag werkte ik met een
Jongeman die heel sterk was en
Zelfverzekerd om mijn bibliotheek in te richten.
Ik keek naar de pezen in zijn benen en
Naar zijn perfecte erwtenpeulachtige bips wanneer hij zich boog
Om zijn gewicht te gebruiken zodat een boekenkast
In een lege ruimte zou passen, goddank.

Cont.

IV

Outside my window, Julia, the deer who
Comes every summer to eat green apples,
Who still grazes on her piano-string
Ligaments in those impossibly fragile legs
To carry her into the bush full speed.

I am indoors with my library helper
Whose beautiful arms and legs are
Turning this room into a possible space.
He throws himself into it, gets up a
Sweet sweat to lift up my spirit
The way only a Bambi or a beautiful
Fellow, or a firefly can do.

IV

Buiten mijn raam zie ik Julia, het hert dat
Elke zomer groene appelen komt eten,
Ze graast nog altijd op haar pianosnaarachtige
Ligamenten in die uiterst breekbare poten
Die haar in volle snelheid naar het struikgewas brengen.

Ik ben binnenshuis met mijn bibliotheekhulp
Die met zijn mooie armen en benen
Deze kamer in een mogelijke ruimte verandert.
Hij stort zich er volledig op, veegt
Het zoete zweet weg om mijn humeur op te vrolijken.
Enkel op die manier waarop een Bambi of een prachtige
Kerel of een vuurvliegje dat kan doen.

ROOM MATES

HUISGENOOT

Pepperoni

Whenever it's on sale
Which is always, Mikey buys
One bag of pepperoni so
He can get the second one free.
When you open the dangerous
Door of our refrigerator now
Bags of pepperoni fall out
Like frogs from heaven. "It isn't
A bargain if you don't need it,"
My dad always said. How much Pepperoni
Two can two guys and a dog eat?

"I'll go to the bank and get wine
And salmon for tonight's party,"
I text Mikey. "And shrimp,"
He texts back. In the immortal words of
Mick Jagger, "You can't always get what
You want," Mikey. "You get what you
Need." But you are sweet and a
Nor'easter is about to blow down on us. I
Guess we need shrimp.
And maybe some pepperoni.

Pepperoni

Wanneer het een koopje is en
Dit is altijd zo, koopt Mickey
Een pak pepperoni, zodat hij
De tweede gratis kan krijgen.
Wanneer je nu de gevaarlijke
Deur van onze koelkast opent, vallen er
Pakken met pepperoni uit
Zoals kikkers uit de hemel. ''Het is geen
Koopje als je het niet nodig hebt'',
Zei mijn vader altijd. ''Hoeveel
Pepperoni kunnen twee kerels en een hond eten?''

''Ik zal naar de bank gaan en ik zal wijn halen
En zalm voor het feest van vanavond.''
''En garnalen'', verstuur ik naar Mickey.
Hij zendt me de onsterfelijke woorden van
Mick Jagger terug: ''Je kan niet altijd krijgen
Wat je wil'', Mickey. ''Je krijgt wat
Je nodig hebt.'' Maar jij bent lief en een
Noordoostenwind zal hier straks hevig bij ons waaien.
Ik denk dat we garnalen nodig hebben.
En misschien wat pepperoni.

VLAG 4

Living with Stanley Kowalski

He is a little broken,
Or compromised at least.
Not playing with a full deck
As they say. But who
Among us wins all the
Time in life's Black Jack.

Everybody's afraid of something -
The dark, bridges, living alone,
A claustrophobic mind.

He's beautiful, like Billy Budd.
And can not speak up for himself.
He rebuffs all effort to have him be
A younger brother or a lover. Others
Have told him he can not be a
Contender. And the pity is that he
Believes them, standing there in
The spring evening with his dark
Eyes and broad shoulders, trying to
Make sense of it like a flower
Gleaming in the rain.

Leven met Stanley Kowalski*

Hij is een beetje gebroken
Of op zijn minst aangegrepen.
Hij heeft ze niet allemaal op een rij
Zoals ze zeggen. Maar wie
Onder ons wint altijd
De Black Jack van het leven.

Iedereen is bang voor iets –
Het donker, bruggen, alleen leven,
Een claustrofobe geest.

Hij is wondermooi, zoals Billy Budd.
En hij kan niet voor zichzelf opkomen.
Hij wijst alle moeite af om
Een jonge broer of een geliefde te zijn. Anderen
Hebben hem verteld dat hij geen
Rivaal kan zijn. En het jammere is dat hij
Hen gelooft, terwijl hij daar in
De lenteavond staat met zijn donkere
Ogen en brede schouders, hij probeert het
Te begrijpen zoals een bloem
Glanzend in de regen.

*Personage uit het toneelstuk van Tennessee Williams A Streetcar Named Desire

Lily Petals

White and translucent as
Silk or a teenage boy's skin,
The bold stigma oozing
Diamond like precum as he
dreams and flowers.

Out, out. They reach out,
not knowing why or what
They are longing for,
Oblivious of their transient
Beauty, the heartbreak of time.

Symbol of spring and Easter
Youth and resurrection.
The lily blossoms and fades
Called by the sun and the earth
To its rise and demise.

Bloembladen van een lelie

Wit en doorschijnend zijn ze zoals
Zijde of een huid van een tienerjongen,
De stoutmoedige stamper sijpelt
Een diamantkleurige vloeistof zoals voorvocht
Terwijl de jongen droomt en bloeit.

Open, open. Ze bloeien open,
Niet wetend waarom of naar wat
Ze verlangen,
Onbewust van hun vergankelijke
Schoonheid, de hartenpijn van tijd.

Symbool van lente en Pasen,
Jeugd en verrijzenis.
De lelie bloeit en verwelkt
Door de zon en de aarde
Om te groeien en te sterven.

Verloren

Lost

After Frost

The field becomes a sea of
Stars or diamonds, whatever
Cliché image comes to mind
For a magical landscape. The dog,
Oblivious to the stellar turf, treads
Carefully on the spongy grasses
Following the scent of deer or coyote
Who have visited in the night.

Inside, my roommate is lost in the
Blue light of his cell phone, two
Asian lesbians flaming his desire,
He on automatic palm pilot until
His loud anti-climatic sneeze resounds
Through the apartment

And I go to the kitchen to
Contemplate a lonely coffee.

Na de vorst

Het veld wordt een zee van
Sterren of diamanten of om het even welk
Clichébeeld me te binnenschiet
Voor een magisch landschap. De hond,
Onbewust van het sterrengras, betreedt
Voorzichtig het sponzige gras,
De geur volgend van een hert of van een coyote
Die er eerder waren in de nacht.

Binnenshuis is mijn huisgenoot in de ban van het
Blauwe licht van zijn mobiele telefoon, twee
Aziatische lesbiennes wakkeren zijn begeerte aan,
Hij bevredigt zichzelf tot
Zijn luide niesbui na de climax
Door het appartement weergalmt.

En ik ga naar de keuken om
Na te denken bij een koffie die ik alleen zal opdrinken.

Pioenroos 3

Peony 3

Last Shift

The joy I took earlier Mikey
Was walking out into the field
With our dog and watching the
Stars again. There was a little
Firefly there on the night, trying
To land his plane, and I tried and
Tried to will him down southeast
Where I think the airport is.

The little dipper had disappeared.
I could not find the larger,
Right off the handle I was told,
But, both were gone. I guess the sky rotates in
Winter. I was never much good at astronomy.

Well, I came in. What could I do?
His light had gone out: either
Landed or crashed, or still out
There somewhere hanging on
The black velvet curtain of night
Like a small ruby, or tear.

We'd had our walk,
Night did it's usual
Blessing, and I may now
Sleep, Mikey, Lucky.

Laatste shift

Dit is het geluk dat ik eerder ervaarde: Mickey
Aan het wandelen in het veld
Met onze hond en Mickey opnieuw kijkend
Naar de sterren. Er was daar 's nachts een
Vuurvliegje, dat probeerde
Zijn vliegtuig te laten landen en ik probeerde en
Probeerde om hem naar het zuidoosten te loodsen
Waar ik denk dat de luchthaven is.

De kleine steelpan* was verdwenen.
Ik kon de grotere niet vinden,
Dichtbij de hendel werd me verteld,
Maar, beiden waren verdwenen. Ik vermoed dat de hemel
In de winter draait. Ik was nooit echt goed in astronomie.

Wel, ik ging naar binnen. Wat kon ik doen?
Zijn licht was gedoofd: ofwel was hij
Geland, ofwel gecrasht, of toch ergens nog
Daar vastgemaakt aan
Het zwarte fluwelen gordijn van de nacht
Zoals een kleine robijn of een traan.

We hadden onze wandeling gemaakt,
De nacht gaf zoals gewoonlijk zijn
Zegen en ik mag nu
Slapen, Mickey, gelukkig.

*Ursa Minor, de Kleine Beer

Covid Casualty

> "Next time don't wrangle, give the boy the money, Call
> across chasms what the world you know is. Luckless and
> lied to, how can a child master human decorum?
>
> Next time a switchblade, somewhere he is thinking, I
> should have killed him and took the lousy wallet. Reading
> my cards he feels a surge of anger blind as my shame.
>
> Error from Babel mutters in the places,
> Cities apart, where now we word our failures:
> Hatred and guilt have left us without language who
> Might have held discourse."
>
> After a mugging, from Effort at Speech by William
> Meredith

The world is in an uproar of protest over the death of
George Floyd. A poet lists grievances from lynchings to
The Tulsa Massacre to the current murders by a police
Force oblivious to its racism.

Meredith understood the original sin of racism,
While some well-meaning people contend it is
Part of our DNA, that if you cannot rewire your genetics,
You should at least insist on justice until our better angels
Begin to permeate our humanity.

How can we train ourselves to love, to avoid vindictiveness
When a roommate who can not breathe, claustrophobic
In the lockdown, takes his chances somewhere else
Abandons you to grief and emptiness?

Cont.

Covidslachtoffer

''Maak de volgende keer geen ruzie, geef de jongen het geld,
Roep voorbij ravijnen hoe de wereld is die jij kent.
Zonder geluk en vol met leugens, hoe kan een kind menselijke
etiquette leren?

Volgende keer een knipmes, denkt hij ergens, ik
had hem moeten doden, toen ik de waardeloze portefeuille stal.
Terwijl hij mijn kaarten bekijkt, voelt hij een woedeaanval
Blind als mijn schaamte.

Een fout van Babel mompelt op verschillende plaatsen,
In steden ver uit elkaar, waar we nu onze mislukkingen verwoorden:
Haat en schuldbesef hebben ons zonder taal gelaten, terwijl we
Het konden uitspreken.''

     Na een overval,
     Uit ''Effort at Speech'' van William Meredith

De wereld is in oproer door het protest over de dood van
George Floyd. Een dichter lijst klachten op van lynchpartijen tot
Het bloedbad van Tulsa tot de huidige moorden door een politie-
Macht die blind is voor racisme.

Meredith begreep de oorspronkelijke zonde van racisme,
Terwijl enkele mensen die het goed bedoelen, beweren dat het
Een deel van ons DNA is, dat wanneer je je genen niet opnieuw kan bedraden,
Je tenminste op gerechtigheid zou kunnen aandringen tot our better angels*
Beginnen door te dringen in onze mensheid.

Hoe kunnen we oefenen om lief te hebben, om wraakzucht te vermijden,
Wanneer een huisgenoot die niet kan ademen, die claustrofobie heeft
Tijdens de lockdown, het ergens anders probeert,
Je verlaat zodat je met leed en leegte overblijft.

Cont.

It is human to hate death, to hate loneliness, to hate the
Different sorts of trouble life hands you in a physical
And moral pandemic. But how to live with this history,
This loss, to create a new world?

*Allusie op een uitspraak van Abraham Lincoln die een verandering in het menselijk perspectief aanduidt, de mens met betere kwaliteiten, heiliger

Het is menselijk om de dood te haten, om de eenzaamheid te haten, om Verschillende soorten van problemen te haten die het leven jou aanreikt in een lichamelijke en morele pandemie. Maar hoe kan je met deze geschiedenis leven, Dit verlies, om een nieuwe wereld te creëren?

EASTER

PASEN

Uitstrekken

Stretching Out

Post Prandial

I'm hiding a ring for you
Or it could perhaps be a crown –
A friendship ring, say, to
Share a friendship.
Or, a ring of thorns to
Share in spirit, high or
Low what the other
Might be suffering.

A Lenten sort of idea. At one
Point in my life I wanted to follow
Jesus through the act of dying as
He lay there those hours after
His crucifixion and contemplated
Going against the gates of
Hell, or wherever
His disengaged Spirit
Was heading. The
Son of God and
Me hanging out. Oh
Brother, I am with thee.
Are You with me Jesus?

Pioneer Brother, Senior Scout
Show me the way, man. I am
Afraid for us both Brother.
I am only halfway into the light.
Trust, dear God, in my fortitude.

Na de maaltijd

Ik verberg een ring voor jou
Of misschien zou het een kroon kunnen zijn –
Een vriendschapsring, laat ons zeggen, om
Een vriendschapsband te delen.
Of een ring van doornen om
Een sfeer te delen, opgewekt of
Bedrukt, waaronder de ander
Zou kunnen lijden.

Een soort van vastenidee. Op een bepaald
Punt in mijn leven wilde ik
Jezus volgen door te sterven zoals
Hij daar die uren na
Zijn kruisiging lag en nadacht
Terwijl hij langs de poorten van de
Hel ging of naar waar dan ook
Zijn ontkoppelde Geest
Was toegegaan. De
Zoon van God en
Ik op stap. O
Broeder, ik ben bij U.
Bent U bij mij, Jezus?

Pionierbroer, ervaren scout,
Toon me de weg, man. Ik ben
Bang voor ons beiden, Metgezel.
Ik ben enkel halfweg in het licht.
Vertrouw, lieve God, op mijn standvastigheid.

Palm Sunday
for Lizzie

In the fractured forests of New England
Fewer predators like fox or opossum
Who eat the tick-laden mice
Account for the spread of the
Blood-borne disease named for
Lyme, that toney village just down
The pike from me here in Groton.

"It wasn't no fucking bat",
A conspiracy theorist posts
On Facebook, "the Chinese did it
To wipe us all out and now their
Biological weapon has backfired.
We are all going to die," he proclaims,
Which is certainly true ultimately.

But it seems we have to learn
How to live with other animals–
Social distancing on an environmental,
Global scale, not just in our lonely lives
These days when all you can do is
Wave to a neighbor. Still, there is sweet Lizzie
Willing to lend you a few bucks to tide you over.
Nurses put on their masks and go into the
Nursing home like a fireman entering a
Burning building. Bible study classes
Go on picking through the Good Book, debating
What sort of animal Jesus rode into Jerusalem,
The week of His passion. In the end, we are all
Animals hoping to mutate into better angels
Through His final release and resurrection.

Palmzondag

voor Lizzie

In de gebroken bossen van New England
Worden minder roofdieren, zoals de vos of de buidelrat
Die met teken beladen muizen eten,
Verantwoordelijk gesteld voor de verspreiding van de
Bloedoverdraagbare ziekte, die de naam
Lyme draagt, zoals dat chique dorp juist op het einde
Van de weg bij mij hier in Groton.

''Het was geen verdomde vleermuis,''
Post een complotdenker
Op Facebook, ''de Chinezen deden het
Om ons allemaal uit te roeien en nu heeft hun
Biologische wapen een averechts effect.
We zullen allemaal doodgaan.'' verkondigt hij,
Wat uiteindelijk absoluut zeker is.

Maar het lijkt erop dat we moeten leren
Hoe we met andere dieren kunnen leven -
Met social distancing op een ecologische
Wereldschaal, niet alleen in onze eenzame levens
Waarin het enige wat je op dit moment kan doen,
Naar een buur zwaaien is. Toch is er lieve Lizzie
Die je een beetje geld wil lenen om je voorlopig uit de nood te halen.
Verpleegkundigen zetten hun mondkapjes op en gaan naan het
Verzorgingstehuis zoals een brandweerman een brandend gebouw
Binnengaat. Bijbelstudieklassen
Gaan door met het nauwkeurig analyseren van de Blijde Boodschap, debatterend
Over het dier waarop Jezus Jeruzalem binnenreed
Tijdens de week van Zijn passie. Uiteindelijk zijn we allemaal
Dieren die hopen te veranderen in ''better angels''*
Door middel van Zijn laatste bevrijding en verrijzenis.

*Allusie op een uitspraak van Abraham Lincoln, een verandering in het menselijk perspectief, de mens met betere kwaliteiten, heiliger

Pioenroos 4

Peony 4

Easter 4:00 AM

A minor angel, His scout
Shakes Him. Come on Buddy
You have to get up now.
You have work to do.

Pasen: vroege morgen

Een kleine engel, Zijn scout
Wekt Hem. Kom op, Vriend.
Je moet nu opstaan.
Er is werk aan de winkel.

De goede oude dagen

The Good Old Days

Saturday: Holy Week

"My name is Ozymandias, king of kings:
Look on my works, ye Mighty, and despair!'
Nothing beside remains. Round the decay
Of that colossal wreck, boundless and bare
The lone and level sands stretch far away."
                    –Percy Bysshe Shelley

I guess the world really will return
To some kind of normal afterwards
The way trees and ferns fanned out in
Primavera glory after the Bubonic Plague.

I'll fly away for sure someday as
Will we all, and what will the world make of
My little spirit which has walked a while
Among others walking this poor
Burgeoning planet?

The day before His resurrection,
What was He thinking, I have always
Wondered, before the angel descended and
Rolled away the great rock keeping Him in
The dark, dreaming of the gates of Hell as
His blood pooled beneath Him?

"Here lies one whose name was writ in
Water," Keats requested for his tombstone.
In fact, the poems seem writ in blood,
Indelible, despite the fact that he turned to
Ashes there of the Spanish steps.

Cont.

Zaterdag: Goede Week

''Mijn naam is Ozymandias, koning der koningen:
Kijk naar mijn werk, jullie Groten, met chagrijn!"
Niets rest er buiten dit. Rond het verval
Van dit enorme wrak, reikt overal,
Vlak en verlaten, de eenzame woestijn."
                -Percy Bysshe Shelley

Ik vermoed dat de wereld echt zal terugkeren
Naar een soort van nieuw normaal
Zoals de wijze waarop bomen en varens uitgewaaierd zijn in
De lenteluister na de builenpest.

Ik zal op een dag beslist wegvliegen zoals
We allen zullen doen en wat zal de wereld
Van mijn kleine ziel maken die een tijdje
Tussen anderen verbleef
Die op deze weinig bloeiende aarde lopen?

Op de dag voor Zijn verrijzenis,
Vroeg ik me altijd af, waaraan Hij
Dacht, vooraleer de engel neerdaalde
En de grote rotsblok wegrolde die Hem
In het donker hield, dromend van de poorten van de
Hel terwijl zijn Bloed in Zijn lichaam zakte?

"Hier ligt iemand wiens naam in water geschreven was",
Keats vroeg dit als grafschrift.
In feite lijken de gedichten met bloed opgeschreven,
Onuitwisbaar, ondanks het feit dat hij daar
Op de Spaanse stappen tot as verging.

Cont.

"Nothing matters," my mother's friend
Pronounced as she lay dying. The dead In
Italy and all over the world would agree.

The mystery of being. Can it possibly end,
Can it possibly matter, this our dark
Rumination as we lie on stone with
Our Brother, waiting for the light.

"Niets doet ertoe", benadrukte mijn moeders vriend
Wanneer zij stervend in bed lag. De doden
In Italië en iedereen over de hele wereld zouden instemmen.

Het mysterie van het zijn. Kan het mogelijk eindigen,
Kan het mogelijk iets uitmaken, dit, ons donkere
Gepieker wanneer we in het graf liggen met
Onze Broeder, wachtend op het licht.

PPP

PPP

Post pandemic poems, yes!
And the Payroll Protection Plan
Which, in theory, will let me bring
Young Tom to America with Ionela
As well: two young European
Friends who have joined the swirl,
The mix of cultures, languages, and
Love for one another as the great blue
Marble continues to spin in space.

No need to search for signs of life
On Mars, life renews itself
Right here on planet Earth, as spring
Unfolds in primavera glory, and the
Past year of grief which threatened
To drown us all year long, recedes
Into the past as does all grief with
The passage of time.

We begin to heal again:
The body politic, and our very bodies
As resurrection floods the world anew,
And angels no longer weep in the
Wilderness we have wandered through,
Surviving only on locusts and dust and hope.

PPP

Post pandemic poems, ja!
En het Payroll Protection Plan
Dat, in theorie, mij jonge Tom en ook Ionela
Naar Amerika kan laten brengen:
Twee jonge Europese
Vrienden die deelnemen aan de werveling,
De mix van culturen, talen en
De liefde voor elkaar zoals de grote blauwe
Knikker die verder in de ruimte tolt.

Er is geen nood om tekens van leven
Op Mars te zoeken, leven hernieuwt zichzelf
Precies hier op planeet Aarde, zoals de lente zich
Ontvouwt in lenteglorie en het
Afgelopen jaar van verdriet dat een heel jaar lang
Ons dreigde te laten verdrinken, verdwijnt
In het verleden zoals elk verdriet slijt met
Het voorbijgaan van tijd.

We beginnen opnieuw te genezen:
De natiestaat en onze eigen lichamen
Zoals de verrijzenis de wereld nieuw maakt na de vloed
En engelen wenen niet langer
In de wildernis waar we doorheen zijn gegaan,
Enkel overlevend op sprinkhanen en stof en hoop.

Born Again Email

Alma writes that when He
Stumbled under the weight
On His way to Golgotha,
His mother walked the road
With Him and said simply,
"I'm here."

Oh my soul. Oh dear Alma.
Thank you for this memory,
This image of their inseparable
Love as we each take up
Our separate cross.

E-mail van een herboren christen

Alma schrijft dat toen Hij
Op Zijn weg naar Golgotha
Onder het gewicht strompelde,
Zijn moeder naast Hem liep en
Simpelweg zei: "Ik ben hier."

Oh mijn ziel. Oh liefste Alma.
Dank je voor deze herinnering,
Voor dit beeld van hun onafscheidelijke
Liefde zoals wij elk
Ons afzonderlijk kruis opnemen.

Frog Lady

for David

I've read that the Victorians
Used fairy tales to teach children
The mysteries of adult life:
Sex, death, the evil in others.

Kiss a frog (a man's junk)
And you get a bonnie prince,
Be careful of strangers who
Offer you a gingerbread house
Or you may wind up in the oven.
Guardian angels look over us
As we turn from ugly duckling
Into a beautiful swan.

In my building, there is a woman
With big lips and bulging eyes who
Could be smiling at me from a lilly pad.
If I were to kiss her, would she turn into
A beautiful princess? There is a boy
In a wheelchair with long hair and
No legs who delivers my newspaper.

On the other side of childhood,
there is no need to kiss to see a
Beautiful woman smiling at me or
A prince rolling down the hall before
The sun even rises on The Day*.

Kikkerdame

voor David

Ik heb gelezen dat de Victorianen
Sprookjes gebruikten om hun kinderen
De mysteries van het volwassen leven aan te leren:
Seks, dood, het boosaardige in anderen.

Kus een kikker (de genitaliën van een man)
En je krijgt een aantrekkelijke prins,
Wees voorzichtig met vreemden die
Je een peperkoeken huis aanbieden
Of je zou in de oven kunnen belanden.
Beschermengelen zorgen voor ons
Wanneer we veranderen van lelijk eendje
In een prachtige zwaan.

In mijn gebouw is er een vrouw
Met volle lippen en uitpuilende ogen die
Naar mij zou kunnen lachen vanop een waterlelieblad.
Als ik haar zou kussen, zou ze dan veranderen in
Een prachtige prinses? Er is een jongen
In een rolstoel, hij heeft lang haar en
Geen benen, hij bezorgt mij de krant.

Aan de andere kant van de kindertijd
Is er geen nood aan kussen om
Een mooie vrouw te zien die naar mij lacht of
Een prins die de hal afrijdt vooraleer
De zon zelfs in De Dag* opkomt.

*Amerikaanse krant uit New London

Home Alone

When I was five, maybe six,
My parents loaded all four kids
Into the Chevy for a visit to grandma,
Stopping at a fruit stand along the way.

After a while, wandering among the
Baskets of peaches, I realized I
Didn't see them anywhere. I guess
I pretended which basket I was going
To tell mother to buy. But, eventually,
It dawned on me that they had
Left me, and I was too embarrassed
To cry, or tell the man at the fruit stand
They had forgotten me - understandable
I guess, to lose track of one rug rat.

But I believe that was the day I became
Her favorite for the guilt she carried
The rest of her life.

I think of the sentimental Christmas carol
Popular this year where Mary looks into
The face of her baby and sees the face
Of God.

I see her grieving at the foot of the cross,
He looking down on her in pity,
Their love sustaining them.

I remember the long afternoon
My own mother died as we listened
To gospel songs throughout the day
And ate peaches of forgiveness.

Alleen thuis

Wanneer ik vijf was, misschien zes,
Stopten mijn ouders de vier kinderen
In de Chevy* voor een bezoek aan oma,
We stopten aan een fruitkraam langs de weg.

Na een tijdje, slenterend langs de
Manden met perziken, kwam ik tot het besef dat ik
Hen nergens meer zag. Ik vermoed
Dat ik deed alsof ik moeder zou vertellen
Welke mand ik haar zou laten kopen. Maar, uiteindelijk,
Daagde het me dat ze me
Achtergelaten hadden en ik was te verlegen
Om te huilen of om de man van het kraam te vertellen
Dat ze me vergeten hadden – begrijpelijk
Vermoed ik dat je een peuter uit het oog kan verliezen.

Maar ik geloof dat ik op die dag
De favoriet van mijn moeder werd voor het schuldgevoel
Dat ze de rest van haar leven droeg.

Ik denk aan het sentimentele kerstlied
Dat dit jaar populair is waarin Maria naar
Het gezicht van haar baby kijkt en het gezicht
Van God ziet.

Ik zie haar treuren aan de voet van het kruis,
Terwijl Hij met medelijden naar beneden kijkt naar haar,
Met hun liefde die hen ondersteunt.

Ik herinner me de lange namiddag
Toen mijn eigen moeder stierf terwijl we luisterden
Naar gospelmuziek tijdens de hele dag
En toen we perziken van vergiffenis aten.

*Chrevrolet

Honey

Tonight when you dream
Of the worker who lands
Dressed in black and gold
As you blossom beneath him
Flowering with his kiss,
Forgive the silly pun
But it will bee me Andrew
Drunk on your nectar.

Honey

Vannacht wanneer je droomt
Van de werkbij die landt,
Gekleed in zwart en goud,
Zoals je bloesemt onder hem en
Bloeit met zijn kus,
Vergeef de flauwe woordspeling,
Maar ik zal bij je zijn, Andrew,
Dronken van jouw nectar.

VLAG 5

Manichaean

We went from rug rats to
Pre-pubescent farm kids.
Raw, but not particularly
Evil, like the tribe of boys
In *Lord of the Flies* who
Cried when they killed Piggy
And staged a Piggy funeral mass,
Not knowing what else to do.

Once my cousins stuck a straw
Up a frog's ass, blew him up
And set him putt putt putting
Across the pond's surface like
A little green motor boat.

If you nicked off the tail of a
Firefly and stuck it on your
Ring finger, it glowed
Phosphorescent for a
Long time, something to do.

Kids, nasty yes, but not
Really to blame. We planted
Adult seeds, and spent the
Rest of our lives trying to
Outlive what grew inside us.

Manicheïsme

Van peuters werden we
Prepuberale kinderen van landbouwers.
Ruw, maar niet specifiek
Boosaardig, zoals de groep jongens
In *Lord of the Flies* die
Huilden wanneer ze Piggy hadden vermoord
En haar begrafenis in scène hadden gezet,
Niet wetend wat anders te doen.

Op een keer staken mijn neven een rietje
In de aars van een kikker, ze bliezen hem op
En p p plaatsten hem
Op de spiegel van de vijver zoals
Een kleine groene motorboot.

Als je de staart van een vuurvlieg
Uittrok en je stak die op je
Ringvinger, dan glansde die
Fosforescerend voor een
Lange tijd, iets om te doen.

Kinderen, gemeen ja, maar niet
Echt om kwalijk te nemen. We hebben
Zaadjes van volwassenen geplant en de
Rest van onze levens besteed aan het proberen
Te beleven wat in ons groeide.

Oblivious

Andrew says he has more than his
Share of shadow. Some dark line strikes
Through his joy, the tic-tac-toe of his
Life at present.

He only needs to open his eyes to see
Me standing there, shining like a ray of
Sun cutting through the clouds.

If not me, someone else then. Bees will
Come from across the fields and forests
To drink from this beautiful flower crying
Silently in the breeze.

Onbewust

Andrew zegt dat hij meer dan zijn
Deel aan schaduw heeft. Een soort zwarte lijn haalt een streep
Door zijn vreugde, het boter- kaas- en eierenspel van zijn
Leven op dit moment.

Hij hoeft enkel zijn ogen te openen om
Mij daar te zien staan, schitterend als een zonnestraal
Snijdend door de wolken.

Als ik het niet ben, dan iemand anders. Bijen zullen
Van over de velden en bossen komen
Om te drinken van deze prachtige bloem die stil
In de bries weent.

Snow Day

The cars are all blanked
In snow, windshield wipers
Turned up against freezing
Like antlers. The parking lot
Has become a herd of
Reindeers. The dog tip-
Toes gingerly on the diamond
Crust, but sinks up to her chin
When the snow gives way
And she must hop like a
Kangaroo to escape the field.

"The mind contemplating snow,
Is the true mind," the poet tells us.
The mind figuring out how to
Shovel yourself out when the
Snow plough ploughs you in,
Is a blizzard afterthought.

"If I have a ham and a loaf of bread,"
Mother always said, "I can survive
A storm." I've got both thanks to
Meals on wheels who miraculously
Has made it through like the US
Postal service. Forget black ice
For the moment, turn on a faux
Fireplace on the TV and pour
Yourself a stiff egg nog.

Everyone deserves a snow day.
Put on your slippers, take out the
Novel you've mean to get to,
Make a hot ham sandwich and
Let tomorrow take care of itself.

Sneeuwdag

De auto's zijn allemaal gewist
Door sneeuw, ruitenwissers zijn
Los van het raam gezet tegen het vriezen
Zoals geweien. Het parkeerterrein
Is een kudde van
Rendieren geworden. De hond loopt
Voorzichtig op haar tenen op de diamanten
Korst, maar zakt tot haar kin
Wanneer het ijs breekt
En ze springen moet zoals een
Kangaroe om uit het veld te vluchten.

''Het verstand dat nadenkt over sneeuw,
Is het echte verstand.'' vertelt ons de dichter.
Het verstand dat uitzoekt hoe je
Jezelf kan uitgraven wanneer de
Sneeuwruimer je inploegt,
Is een tweede gedachte na de storm.

''Als ik ham en een stuk brood heb,''
Zei moeder altijd, ''dan kan ik een storm
Overleven.'' Ik heb beiden dankzij
De bereide maaltijden die mij op een wonderlijke wijze
Bezorgd worden zoals de post
In de Verenigde Staten. Vergeet ijzel
Voor het moment, zet een nep
Open haardvuur op je televisie aan en schenk
Jezelf een stevige eierpunch in.

Iedereen verdient een sneeuwdag.
Trek je slippers aan, haal het
Boek uit dat je wilde lezen,
Maak een sandwich met warme ham en
Laat morgen voor morgen.

Waking

for Steve Straight

At the edge of the field
In a light rain, eight
Wild turkeys huddle
In a blue scrum
Before vanishing
Into the woods.

I think of the wounded
Chipmunk who comes
To be fed after his
Wounds have healed
And breath deeply in
"The palm of the present
To savor what is and
Shuck what isn't."

I've spent some days
Ruminating over lost
Opportunities, loves.

Forgetting the past and
Future now, I wake to the
Fresh brume washing my face.

The dog stands in
Shock until the birds
Vanish and the sun
Clears the mist.
A crystal moment
At the start of day.

Ontwaken

voor Steve Straight

Aan de rand van het veld
In een lichte regen kruipen acht
Wilde kalkoenen bij elkaar
In een blauwe scrum
Vooraleer ze verdwijnen
In de bossen.

Ik denk aan de gewonde
Aardeekhoorn die komt
Om gevoederd te worden nadat zijn
Wonden genezen zijn
En ik adem diep in
''De handpalm van het nu
Om te genieten van wat is en
Achter te laten wat niet is.''

Ik heb enkele dagen besteed aan
Piekeren over verloren
Kansen, liefdes.

Door het verleden te vergeten en
De toekomst als nu te zien, word ik wakker door de
Frisse mist die mijn gezicht wast.

De hond blijft in
Shock tot de vogels
Wegvliegen en de zon
De mist wist.
Een kristallen moment
Aan het begin van de dag.

Death by Jelly Bean

The visiting nurse warns
That a man killed himself once
By eating too much liquorice.

Now my watery stool is green
from all the black jelly beans
I've been eating, a kind of
Saint Patrick's day gift.

If I am about to die, I have
to admit all those pre-Easter
Jelly beans were worth it.

Dood door snoepgoed

De verpleegkundige die mij bezoekt, waarschuwt
Dat een man ooit zichzelf doodde
Door te veel zoethout te eten.

Nu is mijn waterige stoelgang groen
Van al dat zwarte snoepgoed
Dat ik heb gegeten, een soort van
Geschenk voor Saint Patrick's day.

Als ik zou sterven, moet ik
Toegeven dat al die snoepen
Voor Pasen het waard waren.

Sharks

What do I know?
I'm just a small fish,
Part of a bait ball,
Trying to hold off
The invader, with his
Bad eyesight, who sees
Only in shadow, but is driven
By an unimaginable hunger.

Is it only our DNA that
Makes us remember him?

Who knows from some farthest
Outpost in the galaxy, what
They imagine us to be
On this planet, as part of
The animal kingdom?

And still we march on
To Calgary with our
Brother Jesus.

Hoping to admire
And share His divinity.

Haaien

Wat weet ik?
Ik ben alleen maar een kleine vis,
Deel van een lokaasgroep
Die probeert de indringer
Af te houden met zijn
Slechte gezichtsvermogen dat enkel
In de schaduw werkt, maar hij is gedreven
Door een onvoorstelbare honger.

Is het alleen ons DNA dat
Ons hem laat herinneren?

Wie weet hoe ze, vanuit de verste
Voorpost in het heelal,
Ons inbeelden
Hoe we op de planeet zijn, als deel van
Het dierenrijk?

En toch marcheren we verder
Naar de Calvarieberg met onze
Broeder Jezus.

Hopend om Zijn goddelijkheid
Te bewonderen en te delen.

Suddenly Spring

Has someone planted them,
Or is it life, mysteriously
Renewing itself, inside, and
outside of time, like God?

Crocus appear in the damp
Earth like the breath of eternity.

We are over it.

Plotseling lente

Heeft iemand ze geplant,
Of is het leven, op mysterieuze wijze
Zichzelf vernieuwend, binnen en
Buiten de tijd, zoals God?

Krokussen verschijnen in de natte
Aarde zoals de adem van eeuwigheid.

Het ligt achter ons.

EPILOGUE

EPILOOG

Gezicht

Face

Camus' Stranger

The priest, trying to give solace
To Camus' stranger, says he
Must believe in an afterlife.
And when the free-floating
Murderer says nothing,
Sure that nothing matters,
The priest incredibly,
Wants to kiss him.

How does it end, we don't know.
The prisoner accepts the guillotine:
The blade is sharp no matter when
It comes slicing down. The prisoner
Reflects, "And what difference could
It make if, after being charged with
Murder, he were executed because
He didn't weep at his mother's funeral?"

Of the priest he says, "Couldn't he grasp
What I meant by that dark wind blowing
From my future?" For the first time the
Stranger lays his heart open to the
"Benign indifference of the universe."

All he asks is that, "On the day of my execution,
There should be a huge crowd of spectators
And that they should greet me with howls of
Execrations." Justice becomes political
Assassination. Murder is murder. Da Vinci
Says it best, "it is an infinitely atrocious act
To take away the life of a man."

Cont.

De vreemdeling van Camus

De priester, die de vreemdeling van Camus probeert
Te troosten, zegt dat hij
Moet geloven in een leven na de dood.
En wanneer de vrij-zwevende
Moordenaar niets zegt,
Ervan overtuigd dat niets ertoe doet,
Dan wil de priester
Hem ongelooflijk kussen.

Hoe het eindigt, weten we niet,
De gevangene aanvaardt de guillotine,
Het lemmet is scherp ongeacht wanneer
Het neerkomt op onthoofding. De gevangene
Denkt na: ''En welk verschil zou
Het kunnen maken als hij, na zijn aanklacht
Voor moord, terechtgesteld zou zijn geweest omdat
Hij niet huilde op zijn moeders begrafenis?''

Over de priester zegt hij: ''Kon hij niet snappen
Wat ik bedoelde met die duistere wind die
Vanuit mijn toekomst waaide?'' Voor de eerste keer opent de
Vreemdeling zijn hart voor de
''Neutrale onverschilligheid van het universum''.

Het enige dat hij vraagt is: ''Op de dag van mijn terechtstelling
Zou er een grote groep toeschouwers moeten zijn
En ze zouden mij moeten groeten met gehuil van
Vervloekingen.'' Rechtvaardigheid wordt een politieke
Aanslag. Moord is moord. Da Vinci
Zei het op de allerbeste manier: ''Het is een oneindig afschuwelijke daad
Om het leven van een mens af te nemen.''

Cont.

But this man, this strange man.
How he lingers at the edge of
What it means to be human,
How he smells and thinks and
Loves. How intriguing he is, and
How glad we are that he lived.

Maar deze man, deze vreemde man.
Hoe hij blijft hangen op de rand van
Wat het betekent om menselijk te zijn,
Hoe hij ruikt en denkt en
Liefheeft. Hoe intrigerend is hij en
Hoe blij zijn wij dat hij leefde.

About the Artists

RICHARD HARTEIS

Poet and novelist RICHARD HARTEIS is the President of the William Meredith Foundation and directs Poets Choice Publishing House. He served for two years as a Peace Corps volunteer in Tunisia, worked as a physician assistant in North Africa and Asia and spent a Fulbright year as writer-in-residence at the American University in Bulgaria. At the end of that year, he was accorded Bulgarian citizenship by decree of the President and Parliament in 1996.

He has written 14 books of prose and poetry and edited and introduced 12 books with publishers here and abroad. In 2019, he received a fifth award for his screenplay, COMES LOVE which is scheduled for production by the Hollywood Dreams Film Festival directors.

His work has received honors and awards including fellowships from the National Endowment for the Arts, the D.C. Commission on the Arts, the Ford Foundation, Creighton University and the Catholic University of America. After the death of his partner of 36 years, the poet William Meredith, their home, "Riverrun," was added to the Connecticut Registry of Historic Places in 2007. He lives in Connecticut with his Australian cattle dog, Sydney.

RITA DAWLEY

Rita Dawley is a mixed media artist. Her drawings are quilt like. They include brightly colored, unique childlike images of people, animals and buildings. These images are also incorporated into woodcut prints. Rita attended the Paier School of Art and Connecticut College. She is a member of the Connecticut Academy of Fine Arts, The Norwich Arts Canter Gallery, Mystic Arts Center, Guilford Art League and New Haven Paint and Clay. Rita Dawley lives and works in Uncasville, Connecticut

JUNER ZHAI (JUNER PATNODE)

Juner specializes in traditional Chinese watercolor painting as well as being adept in modern formats and calligraphy. With Chinese watercolor, there are not only two different techniques (Xieyi—which is freehand done quickly and Gongbi—which is meticulous traditional realism) yet each is done with a different kind of rice paper. In each technique there are three styles: Flower and Animal / Landscape / Portrait. As part of the Chinese Cultural Revolution, Juner specializes in the Flower and Animal style yet is also well-versed with Landscape. Juner has been influenced by traditional Chinese Culture and Artists and has also been influenced by exposure to Western Culture and Artists. With private and corporate experience as a designer, Juner has worked as a Trademark Designer for China Packaging Import and Export Co., Ltd. (1998) and Qinghai Trademark Firm (2006). Several of her designs and trademarks have gone onto successful products in the marketplace and her designs have also appeared as book covers and in publications.

She recently married the American artist, Mark Patnode and lives and works in New London, Connecticut

TOM VEYS

Tom Veys studied languages at the Catholic University in Leuven (Belgium). During his study, he was very interested in literary subjects. Later, he became for several years a secondary school teacher in Roeselare (Belgium). Since 2006 Tom has been writing poems, largely dealing with his work as a visual artist. In 2008 he was invited to the Summer Poetry Festival in Struga, Macedonia where he met Richard Harteis.

Tom Veys attends classes in Graphic Art and Printmaking at the Academy of Arts in Roeselare where he lives. His parents, grandparents, and great grandparents have been in the printing business for generations. This aspect of literary works remains very important to him.

As a translator he is interested in conveying the meaning of the poem, as well as the beauty of the language and the formal elements found therein.

SANKET PATEL

Sanket Patel is a graphic designer and an illustrator currently residing in Groton, CT. He graduated from Paier College of Art with a Bachelors of Arts in Graphic Design and currently works as freelance designer in CT and the greater NY area.

Sanket comes from a traditional Indian family from Gujrat, India. All the ideas that inspire him come from his background in Indian culture and Hinduism.

To view Sanket's work and get in contact with him, please visit www.sanketart.com.